KB087497

2.ª edición

Coreano fácil para la vida diaria

Coreano fácil para la vida diaria 2.ª edición

Autora	Seung-eun Oh
Traductor	Marco Vinicio Albán
Correctora de pruebas	Katrin Maurer

1.ª impresión	enero de 2021
1.ª edición	enero de 2021
Editor de proyecto	Kyu-do Chung
Editores	Suk-hee Lee, Da-heuin Baek, Ju-hee Seol
Diseñedores	Hyun-seok Jung, Na-kyung Kim, Mi-jeong Yoon
Ilustrador	Moon-su Kim
Actores de voz	So-yun Shin, Rae-whan Kim, Alejandro Sánchez Sanabria

DARAKWON Publicado por Darakwon Inc.

Darakwon Bldg., 211, Munbal-ro, Paju-si, Gyeonggi-do, República de Corea 10881
Tfno.: 02-736-2031 (Dpto. Mercadotecnia: Ext. 250~252; Dpto. Edición: Ext. 420~426)
Fax: 02-732-2037

Copyright©2020, Seung-eun Oh

Precio : 21,000 wones (incluye MP3 gratuito descargable)

ISBN : 978-89-277-3266-2 14710
       978-89-277-3263-1(set)

http://www.darakwon.co.kr
http://koreanbooks.darakwon.co.kr

※ En caso de querer más información sobre nuestras publicaciones y promociones, así como las instrucciones de cómo descargar los archivos MP3, visite la página web de Darakwon.

El presente libro fue seleccionado por la Agencia de Promoción de la Industria Editorial de Corea dentro del "Proyecto de Subvenciones a la Traducción de Contenidos Editoriales de 2020".

2.ª edición

Coreano
fácil
para
la vida diaria

Seung-eun Oh

DARAKWON

Prólogo

　　〈Korean Made Easy〉 시리즈는 제2언어 혹은 외국어로서 한국어를 공부하는 학습자를 위해 집필되었다. 특히 이 책은 시간적 • 공간적 제약으로 인해 정규 한국어 교육을 받을 수 없었던 학습자를 위해 혼자서도 한국어를 공부할 수 있도록 기획되었다. 〈Korean Made Easy〉 시리즈는 초판 발행 이후 오랜 시간 독자의 사랑과 지지를 받으며 전세계 다양한 언어로 번역되어 한국어 학습에 길잡이 역할을 했다고 생각한다. 이번에 최신 문화를 반영하여 예문을 깁고 연습문제를 보완하여 개정판을 출판하게 되어 저자로서 크나큰 보람을 느낀다. 한국어를 공부하려는 모든 학습자가 〈Korean Made Easy〉를 통해 효과적으로 한국어를 공부하면서 즐길 수 있기를 바란다.

　　시리즈 중 〈Korean Made Easy for Everyday Life〉는 한글을 익히고 시제와 같은 기본적인 학습을 마친 학습자(학습 시간 150~400시간)를 대상으로, 한국에서 살면서 겪을 수 있는 다양한 상황을 중심으로 자연스럽게 한국어를 사용할 수 있도록 고안되었다. 따라서 이 책에서는 학습자가 일상생활에서 자주 접하는 대화를 먼저 제시하고, 그 대화 맥락에서 공부할 수 있는 어휘나 문법과 같은 언어적 요소를 익혀, 궁극적으로는 문법과 대화를 확장하면서 의사소통을 향상시키는 데 초점을 두었다. 한국 생활이나 한국 문화에 대한 설명도 학습자가 한국에서 생활하면서 한국 사회 문화를 더 잘 이해할 수 있도록 고려하였다.

　　〈Korean Made Easy – Everyday Life〉는 크게 Part 1과 Part 2로 구성되어 있다. Part1은 실생활에서 자주 사용되는 50개 표현을 10개 과로 제시하였다. 각 상황별로 다섯 가지 유용한 표현을 선정하여 제시하는데, 한국인이 어떤 맥락에서 이런 표현들을 사용하는지 자세한 설명을 덧붙여 학습자의 이해를 돕고 대화 연습을 통해 실제 생활에서 바로 적용할 수 있도록 하였다. Part 2는 여행, 일, 공부 등으로 한국에서 생활하는 6명의 외국인을 설정하여 한국에서 직접 겪을 만한 대화 상황을 24개의 장면으로 구성하였다. 각 장면에서 제시된 대화의 어휘와 발음, 문법, 문화적 정보는 학습자가 한국인과 의사소통하는 데 적극적으로 사용할 수 있도록 하였다.

　　이 책은 많은 분의 관심과 도움으로 출간하게 되었다. 먼저, 초판에서 필자의 의도가 이 책에 충실히 반영될 수 있도록 명확한 번역과 교정을 해 주신 번역가 Michael Park 씨께 감사드린다. 자신의 가르친 경험을 토대로 조언을 해 준 동료교사 오승민 선생님과 자신의 한국어 학습 경험으로 조언하고 초판 교정을 꼼꼼하게 봐 주신 Tauri Gregory 씨, Brian Yang 씨께도 깊은 감사를 드린다. 이 책의 개정판에서 번역과 교정을 훌륭하게 해 주신 Marco Albán 씨께도 진심으로 감사드리고 싶다. 또한 한국어 교육에 많은 애정과 관심을 보여 주시는 ㈜다락원의 정규도 사장님과 좋은 책을 만들고자 여러모로 애써 주신 한국어출판부의 편집진들께도 진심으로 감사의 말씀을 전한다. 마지막으로, 언제나 곁에서 저를 격려해 주시는 어머니께, 그리고 하늘에서 큰딸을 응원해 주시는 아버지께 이 책을 바치고 싶다.

오승은

La serie <Coreano Fácil> está escrita para estudiantes que desean aprender coreano como segundo idioma o como idioma extranjero. En particular, el libro está diseñado para permitir estudiar coreano por sí solos a los estudiantes que no pudieron recibir una educación formal del idioma debido a limitaciones de tiempo y espacio. Creo que la serie <Coreano Fácil> ha sido bien recibida por los lectores desde su primera edición, y ha sido traducida a varios idiomas en todo el mundo, sirviendo como una guía para aprender coreano. Como autora, me siento enormemente recompensada por haber tenido la oportunidad de poder publicar una edición revisada del libro, misma que refleja la cultura más reciente y complementa las preguntas de práctica. Con algo de suerte, todos los estudiantes que quieran estudiar el idioma podrán disfrutar aprendiendo coreano de manera efectiva a través de <Coreano Fácil>.

Entre los libros de la serie, <Coreano Fácil para la vida diaria> está diseñado para ayudar a los alumnos que han aprendido Hangul y completado el aprendizaje básico, como los tiempos verbales (150-400 horas de estudio), a utilizar el idioma coreano de forma natural, centrándose en las diversas situaciones que podrían experimentar viviendo en Corea. Por lo tanto, el libro se enfoca en mejorar la comunicación presentando primero las conversaciones que los estudiantes encuentran a menudo en su vida diaria, aprendiendo elementos lingüísticos como vocabulario o gramática que pueden estudiar en el contexto de esas conversaciones y, finalmente, expandiendo la gramática y la conversación. También se consideraron explicaciones de la vida y la cultura coreanas para que los alumnos pudieran comprender mejor la cultura y sociedad coreanas mientras residan en Corea.

<Coreano Fácil para la Vida Diaria> se compone de manera general en dos partes. La parte 1 presenta 10 secciones con 50 expresiones que se utilizan con frecuencia en la vida real. Se seleccionaron y presentaron cinco expresiones útiles para cada situación, y se agregó una explicación detallada del contexto en que los coreanos las usan para ayudar a los alumnos a comprender y permitir que sean utilizadas directamente en la vida real a través de la práctica de la conversación. La parte 2 presenta como ejemplos a seis extranjeros que se encuentran en Corea para viajar, trabajar y estudiar, y consta de 24 escenas de conversación a las que ellos podrían enfrentarse en Corea. El vocabulario, la pronunciación, la gramática y la información cultural presentada en cada escena permite a los alumnos usarlos activamente para comunicarse con los coreanos.

Este libro fue publicado con el interés y el apoyo de varias personas. En primer lugar, me gustaría agradecer a Michael Park, cuyas traducciones y correcciones claras han permitido que mis intenciones se reflejen fielmente en este libro en la primera edición. También me gustaría expresar mi profunda gratitud a mi colega, el profesor Oh Seung-min, quien me dio consejos basados en su experiencia docente, a Tauri Gregory y Brian Yang, quienes me asesoraron con su experiencia de aprendizaje del idioma coreano y revisaron cuidadosamente la primera edición del libro. Quisiera también extender un sincero agradecimiento a Marco Albán por su excelente traducción y corrección en la edición revisada de este libro. Extiendo también mi profunda gratitud a Jung Kyu-do, presidente de Darakwon Co., Ltd., quien muestra mucho afecto e interés en la educación del idioma coreano, y a los editores del departamento de publicaciones del idioma coreano por sus diversos esfuerzos para producir excelentes publicaciones. Finalmente, me gustaría dedicar este libro a mi madre, que siempre está a mi lado apoyándome, y a mi padre, que apoya a su hija mayor desde el cielo.

Seung-eun Oh

Cómo usar este libro

La parte 1 consta de 10 secciones con 50 expresiones coreanas esenciales. En cada situación, primero se explican cinco expresiones y luego se muestra cómo se usan en tres situaciones de diferentes.

50 Expresiones útiles

Las 50 expresiones útiles constan de un total de 10 secciones, con cinco expresiones cada una. Cada expresión se graba dos veces por actores de voz profesionales masculinos y femeninos en el MP3, para que el estudiante pueda practicar con la pronunciación correcta y los acentos naturales de los coreanos. Los MP3 se pueden escuchar a través del código QR situado en cada página.

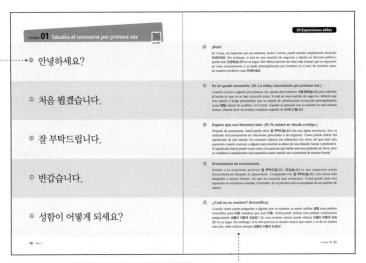

Explicación del significado

Esta explicación detalla el significado real y el uso de las expresiones. La explicación muestra cómo las expresiones se pueden usar, en qué contexto y cómo se aplican de manera diferente según el contexto de uso y la relación con interlocutor.

Conversación

Muestra cómo las cinco expresiones aprendidas anteriormente se utilizan en conversaciones reales. La grabación de la conversación se puede escuchar en un archivo MP3 a través de un código QR.

Inténtelo

La sección <Inténtelo> permite a los estudiantes ver cómo las expresiones aprendidas a través de un juego de roles se pueden utilizar en una situación de conversación, y luego verificar las respuestas con la grabación en MP3. Los archivos MP3 se pueden encontrar a través del código QR mostrado.

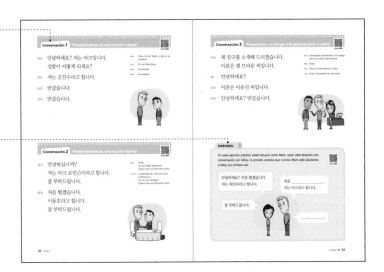

Parte 2

La Parte 2 consta de seis situaciones que los seis extranjeros de nuestros ejemplos podrían encontrar durante su estancia en Corea. Cada extranjero está expuesto a cuatro situaciones de conversación específicas, que muestran a detalle cómo comunicarse en base a elementos lingüísticos y comprensión cultural, como vocabulario y gramática, bajo estas circunstancias específicas.

Escena

Ayuda a comprender los antecedentes de cada escena al presentar el lugar o la situación en la que se desarrolla la conversación.

Acción

Muestra la acción principal en la conversación explicando el objetivo principal. También ayuda a los alumnos a conocer dónde y cuándo participar activamente en conversaciones de la vida real.

Título

Muestra el enfoque principal de cada escena explicando su gramática y uso práctico.

Personajes

Muestra a los personajes en cada escena ayudando a los alumnos a entender fácilmente el trasfondo de la historia.

Escena **01**

En la terminal de buses del aeropuerto

Preguntando por información de buses

좀 천천히 말해 주세요

¿Podría hablar más despacio, por favor?

Yukiko · Un transeúnte coreano

Grabación

La conversación se graba en dos versiones en un archivo mp3. Una es una versión lenta que es fácil de entender para los alumnos y la otra es una versión grabada a una velocidad que se puede escuchar en la vida real. Los archivos MP3 se pueden escuchar a través del código QR.

Conversación

Esta sección es una presentación visual de la situación de conversación que enfrentan los alumnos.

Traducción

Esta sección es una traducción al español de la conversación para facilitar la comprensión de los alumnos. La traducción se realizó en la medida de lo posible con oraciones naturales, y se ha presentado cualquier aclaración entre paréntesis si se necesitaba una traducción literal para ayudar a los alumnos a comprender.

Nuevo vocabulario

Esta sección muestra nuevo vocabulario con su significado en español.

Nuevas expresiones

Esta sección muestra nuevas expresiones con su traducción al español.

Acercamiento

Esta sección presenta puntos o partes gramaticales específicas de la conversación principal que necesiten más explicación.

Retrospectiva

Esta sección sirve para revisar los puntos esenciales de *Coreano Fácil para Principiantes*, los cuales no han sido seleccionados como parte de los objetivos de aprendizaje de este libro.

Enfoque gramatical

Esta sección explica la gramática para los alumnos con más detalle, mostrando el uso de la expresión dentro del significado, la forma y el contexto de la gramática. Varios ejemplos ayudan a los alumnos a comprender la gramática más fácilmente.

La ★ significa un uso irregular.

Uso de la tabla gramatical

Esta marca se refiere al número de página del apéndice que contiene una tabla de utilización de la gramática correspondiente.

¡Tenga Cuidado!

Esta sección ayuda a los alumnos al señalar puntos gramaticales que los alumnos usan incorrectamente o que encuentran difíciles, o al sugerir formas de corregir los errores que los alumnos suelen cometer.

Autoevaluación

Esta sección está destinada a practicar la gramática aprendida y ofrece acceso a una variedad de tipos de problemas, desde fáciles hasta difíciles.

★ Las respuestas a las preguntas del ejercicio se dan en el apéndice.

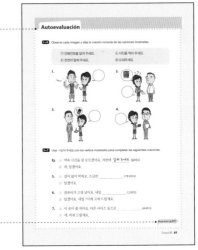

Ensayo de gramática

Esta sección está diseñada para practicar la gramática aprendida extendiéndola. A través de los ensayos de gramática, los alumnos pueden ir más allá del uso de la gramática limitada a las situaciones de conversación mostradas y practicar la gramática que también se puede utilizar en otras conversaciones y situaciones. El ensayo gramatical se encuentra también en un archivo MP3 y los materiales de escucha se pueden encontrar a través del código QR.

Vocabulario adicional

Esta sección presenta el vocabulario adicional disponible en el contexto de la conversación con imágenes.

Ensayo de conversación

Esta sección amplía la conversación presentada anteriormente para explicar versiones de la conversación adicionales. El alumno puede comunicarse con el interlocutor con quien practique la conversación. El ensayo de la conversación se encuentra grabado en archivo MP3 y los materiales de escucha se pueden encontrar a través del código QR.

Consejos de pronunciación

Esta sección selecciona palabras que son difíciles de pronunciar en una conversación para explicar las reglas de pronunciación y para practicar la pronunciación con la ayuda de los materiales de escucha. La sugerencia de pronunciación se encuentra en un archivo MP3 y los materiales de escucha se pueden encontrar a través del código QR.

Pausa para el café

Esta sección proporciona información práctica que sería útil para los alumnos en situaciones de conversación.

Comentario del director

Esta sección presenta la cultura coreana para proporcionar información práctica que es útil conocer mientras se viva en Corea y para compartir la perspectiva cultural única de los coreanos.

Índice

Parte 1 | 50 Expresiones útiles

Parte 2 | 24 Escenas en la vida cotidiana

Capítulo 1   Comenzando su viaje en Corea

Capítulo 2   Preparando lo que necesita para vivir en Corea

Unidad	Tema	Expresiones	Conversación
06	**Expresiones en la mesa**	• 맛있게 드세요. Disfrute su comida/Buen provecho. • 잘 먹겠습니다. Gracias por la comida/Buen provecho. • 잘 먹었습니다. Gracias por la comida. • 아니요, 괜찮아요. No, gracias. • 초대해 주셔서 감사합니다. Gracias por invitarme.	• Antes de comer • Después de comer • Saliendo de una casa donde fue invitado
07	**Felicitando, consolando y animando**	• 축하합니다. Felicitaciones. • 제가 한턱 낼게요. Yo invito. • 힘드시겠어요. Debe ser duro para usted. • 걱정하지 마세요. No se preocupe. • 힘내세요. ¡Ánimo!	• Felicitando a alguien • Consolando a alguien que está teniendo problemas • Animando a alguien que está preocupado
08	**Hablando por teléfono**	• 여보세요. ¿Diga?/¿Aló?/¿Hola? • 지금 통화 괜찮으세요? ¿Está usted disponible ahora? • 실례지만, 누구세요? Disculpe, ¿quién es? • 잠깐만요. Espere un momento. • 전화 잘못 거셨어요. Llamó al número equivocado.	• Haciendo una llamada telefónica • Buscando a alguien por teléfono • Contestando un número equivocado
09	**Pidiendo a alguien que repita lo que dijo**	• 네? ¿Perdón?/¿Lo siento? • 뭐라고 하셨어요? ¿Perdón? • 못 들었어요. No pude escucharlo. • 다시 한번 말해 주세요. Por favor, dígalo una vez más. • 잘 안 들려요. No puedo escucharle bien.	• Cuando no pudo escuchar lo que le dijeron • Cuando le pide a otra persona que repita lo que dijo • Cuando no puede oír bien una llamada telefónica
10	**Diciendo adiós**	• 주말 잘 보내세요. Que tenga un buen fin de semana. • 안녕히 가세요. Adiós. • 내일 봐요. Lo veré mañana/Hasta mañana. • 몸조리 잘하세요. Cuídese. • 연락할게요. Me pondré en contacto con usted.	• Diciendo adiós al final de la semana • Diciendo adiós cuando es el primero en irse • Diciendo adiós a una persona enferma

Tabla de contenidos — Parte 2

	Escena	Acción	Título	Enfoque gramatical	Retrospectiva	Vocabulario adicional	Pausa para el café	Comentario del director
Capítulo 3		Teniendo una cita con amigos en Corea: Sam Brown						
09	En una llamada telefónica	Concertando una cita con un amigo por teléfono	우리 같이 영화 볼까요? ¿Vemos una película juntos?	−(으)ㄹ까요? ¿Podría …?	Leyendo la hora	**Vocabulario relacionado con citas**	Confirmando una cita	La cultura pop coreana: K-Culture
10	En una videollamada	Invitando a un amigo	내일 친구들하고 영화를 보려고 해요 Mañana iré a ver una película con mis amigos	−(으)려고 하다 Intento …	Vocabulario para expresar la clase de lugar	**Vocabulario relacionado a una llamada telefónica**	Cómo despedirse cuando hable por teléfono	Alimentos para cada situación
11	En el lugar de encuentro	Cambiando el lugar de un encuentro	사람이 많아서 유진 씨가 안 보여요 Hay mucha gente, así que no puedo ver a Yujin	−아/어서…, …, así que …	Conjunciones de uso frecuente	**Expresiones de uso frecuente al poner excusas**	Cuando no puede escuchar bien el teléfono	Comida callejera coreana
12	En una cafetería	Pidiendo un café	죄송합니다. 지금 빵이 없습니다 Lo siento. No hay pan ahora.	−(스)ㅂ니다 Lenguaje formal	Unidades para contar	**Vocabulario relacionado con las tiendas**	Expresiones para hablar con el personal de un restaurante	Un vistazo a una cafetería coreana
Capítulo 4		Adaptándose a la vida en Corea: Susan Peters						
13	En una tienda de electrónica	Comparando artículos electrónicos	더 싼 거 없어요? ¿Hay algo más barato?	보다 더 Comparativo y 제일, 가장 superlativo	Adjetivos con significados opuestos	**Vocabulario relacionado a productos**	Expresiones útiles al comprar	Pronunciando el inglés coreano
14	En un salón de belleza	Corte de cabello	너무 짧지 않게 잘라 주세요 No lo corte demasiado, por favor	−게 Transformando un adjetivo en adverbio	Verbos Irregulares 1: Forma ㅇ y ㄹ	**Vocabulario relacionado con el salón de belleza**	Expresando el peinado que desea	Belleza coreana
15	En el gimnasio	Preguntando	토요일에 하지만 일요일에 쉽니다 Abrimos los sábados, pero cerramos los domingos	−지만 Sin embargo, …	Días y semanas	**Vocabulario relacionado con el ejercicio**	Expresiones que indican periodos de tiempo	Días festivos y feriados públicos coreanos
16	En la oficina de correos	Enviando un paquete	비행기로 보내시겠어요? ¿Desea enviarlo por avión?	−겠− y −(으)ㄹ게요 Haré…	Leyendo fechas	**Vocabulario relacionado con la oficina de correos**	Seguimiento de correo: registrado	La cultura de servicio rápido de Corea

	Escena	Acción	Título	Enfoque gramatical	Retrospectiva	Vocabulario adicional	Pausa para el café	Comentario del director
Capítulo 5		Resolviendo problemas : *Mei Chang*						
17	En el hospital	Describiendo síntomas	열도 있고 콧물도 나요 Tengo fiebre y secreción nasal	–고 Además…	Nombres de las partes del cuerpo	**Vocabulario relacionado con los síntomas de una enfermedad**	Nombres para llamar a los médicos y enfermeras	Cuarentena coreana el servicio médico y el sistema de seguro médico de Corea
18	En una tienda de ropa	Solicitando ropa diferente	옷이 조금 크니까 한 치수 작은 사이즈로 주세요 La ropa me queda un poco grande, deme una talla más pequeña, por favor	–(으)니까 Porque…	Palabras para color	**Vocabulario relacionado con la ropa**	Preguntando acerca del servicio en una tienda	Cultura colectiva del pueblo coreano
19	En casa	Describiendo un problema	이따가 출발할 때 연락해 주세요 Por favor contácteme más tarde cuando salga	–(으)ㄹ 때 Cuando…	Adverbios con significado opuesto	**Vocabulario relacionado con el mantenimiento**	Expresando de manera simple la situación de un problema	La cultura coreana que enfatiza el orden jerárquico
20	En el centro de objetos perdidos	Describiendo el objeto perdido	가방을 잃어버렸는데 어떻게 해야 돼요? Perdí mi bolso, ¿qué debo hacer?	–(으)ㄴ/는데 Pero…	Preguntas de uso frecuente	**Vocabulario relacionado con pertenencias**	Expresiones útiles en situaciones de emergencia	Servicios Imprescindibles
Capítulo 6		Viajando en Corea : *Paul Smith*						
21	En un hotel	Entrando a un hotel (registro)	방을 예약했는데 확인해 주시겠어요? Hice la reserva de una habitación, ¿podría comprobarla?	–아/어 주시겠어요? ¿Podría…, por favor?	Expresando la hora del día	**Vocabulario relacionado con el alojamiento**	Expresando el período de viaje: O박 O일	Estancia en el templo: Disfrutando de la meditación en un templo en Corea
22	En la taquilla	Comprando entradas	돌아오는 배가 몇 시에 있어요? ¿A qué hora es el barco de regreso?	–는 Modificando verbos con	Verbos Irregulares 2: Eliminando ㄹ	**Vocabulario relacionado con el dinero**	Preguntando por el primer y el último viaje	La topografía de Corea
23	En el destino de viaje	Obteniendo recomendaciones de restaurantes famosos	'바다' 식당에 가 보세요 Vaya al restaurante "Bada"	–아/어 보세요 Intente…	Verbos Irregulares 3: Eliminando ㄷ y ㅂ	**Vocabulario relacionado con los viajes**	Al tomar fotografías con coreanos	Transporte cuando se viaja a nivel nacional
24	Hablando con un amigo	Hablando de experiencias de viaje	한국에서 여행해 봤어요? ¿Ha viajado alguna vez a Corea?	–아/어 봤다 Lo he hecho…	Vocabulario para describir emociones	**Vocabulario relacionado con la frecuencia**	Oración con la misma pregunta y respuesta	Festivales representativos de Corea

Personajes principales

야마다 유키코 (일본)
Yukiko Yamada (Japón)

- Empezó a estudiar coreano porque estaba interesada en la cocina coreana.
- Vino a Corea en un viaje de 3 noches y 4 días.

마크 로빈슨 (미국)
Mark Robinson (Estados Unidos)

- Vino a trabajar para una empresa coreana.
- Han pasado 6 meses desde que vino a Corea.

샘 브라운 (영국)
Sam Brown (Inglaterra)

- Empezó a estudiar coreano porque estaba interesado en las películas coreanas.
- Vino a una universidad coreana como estudiante de intercambio.

수잔 피터스 (호주)
Susan Peters (Australia)

- Enseña inglés en Corea.
- Ha vivido en Corea durante más de dos años.

장메이 (중국)
Mei Chang (China)

- Empezó a estudiar coreano para estudiar en una universidad coreana.
- Actualmente está estudiando para ingresar a una universidad coreana.

폴 스미스 (캐나다)
Paul Smith (Canadá)

- Empezó a estudiar coreano como aficiones.
- Disfruta viajar y sale de viaje todos los fines de semana.

김진수 (한국)
Jinsu Kim (Corea)

- Como estudiante universitario coreano, se lleva bien con sus amigos extranjeros.
- Está estudiando para conseguir un trabajo.

이유진 (한국)
Yujin Lee (Corea)

- Es una estudiante universitaria coreana y hace intercambio de idiomas con extranjeros.
- Se está preparando para estudiar en el extranjero.

Parte 1

50 Expresiones útiles

① 안녕하세요?

② 처음 뵙겠습니다.

③ 잘 부탁드립니다.

④ 반갑습니다.

⑤ 성함이 어떻게 되세요?

01 **¡Hola!**

En Corea, sin importar que sea mañana, tarde o noche, puede saludar simplemente diciendo 안녕하세요. Sin embargo, si está en una reunión de negocios o dando un discurso público, puede usar 안녕하십니까 en su lugar. Este último provee un tono más formal, que es requerido en estas circunstancias y es usado principalmente por hombres en Corea. En muchos casos, las mujeres prefieren usar 안녕하세요.

02 **Es un gusto conocerlo. (lit. Lo estoy conociendo por primera vez.)**

Cuando conoce a alguien por primera vez, puede decir primero 처음 뵙겠습니다 para enfatizar el hecho de que no se han conocido antes. Si está en una reunión de negocios, debería usar este saludo y luego presentarse con su tarjeta de presentación (conocida principalmente como 명함–tarjeta de nombre– en Corea). Cuando se presente con su nombre en una manera formal, debería decir su nombre completo seguido de (이)라고 합니다.

03 **Espero que nos llevemos bien. (lit. Yo estaré en deuda contigo.)**

Después de presentarse, usted puede decir 잘 부탁드립니다 con una ligera reverencia. Esto es utilizado frecuentemente en relaciones personales o de negocios. Como puede inferir del significado de este saludo, los coreanos valoran sus relaciones con otros, así que usan esta expresión cuando conocen a alguien para mostrar su deseo de una relación buena y productiva. El significado literal puede sonar como si la persona que habla estuviera pidiendo un favor, pero en realidad es simplemente una expresión usada cuando uno se presenta de manera formal.

04 **Encantado/a de conocerlo/a.**

Similar a la expresión anterior 잘 부탁드립니다, 반갑습니다 es una expresión usada frecuentemente después de presentarse. Comparada con 잘 부탁드립니다, esta suena más amigable y menos formal, así que no necesita una reverencia. Usted puede usar esta expresión en reuniones casuales y formales. En la práctica está acompañada de un apretón de manos.

05 **¿Cuál es su nombre? (honorífico)**

Cuando usted quiere preguntar a alguien por su nombre, es mejor utilizar 성함 (una palabra honorífica para 이름, nombre) que usar 이름. Usted puede utilizar esta palabra cortésmente preguntando 성함이 어떻게 되세요?. En una reunión casual, puede utilizar 이름이 어떻게 되세요? en su lugar. Sin embargo, si la otra persona es mucho mayor que usted, o es de un estatus más alto, debe utilizar siempre 성함이 어떻게 되세요?.

pista 002

마크	안녕하세요? 저는 마크입니다. 성함이 어떻게 되세요?
진수	저는 김진수라고 합니다.
마크	반갑습니다.
진수	반갑습니다.

Mark   Hola, Yo soy Mark. ¿Cuál es su nombre?

Jinsu   Yo soy Kim Jinsu.

Mark   Encantado.

Jinsu   Encantado.

pista 003

마크	안녕하십니까? 저는 마크 로빈슨이라고 합니다. 잘 부탁드립니다.
동호	처음 뵙겠습니다. 이동호라고 합니다. 잘 부탁드립니다.

Mark   Hola.
Yo soy Mark Robinson.
Espero que nos llevemos bien.

Dongho Encantado de conocerlo por primera vez.
Yo soy Lee Dongho.
Espero que nos llevemos bien.

마크 제 친구를 소개해 드리겠습니다.
이분은 샘 브라운 씨입니다.

샘 안녕하세요?

마크 이분은 이유진 씨입니다.

유진 안녕하세요? 반갑습니다.

Mark Permítame presentarle a mi amigo.
Este es el señor Sam Brown.

Sam Hola.

Mark Ésta es la señorita Lee Yujin.

Yujin Hola. Encantada de conocerla.

Inténtelo

En este ejercicio práctico usted actuará como Mark, quien está teniendo una conversación con Minju, la primera coreana que conoce. Mark está saludando a Minju por primera vez.

pista 005

안녕하세요? 처음 뵙겠습니다.
저는 최민주라고 합니다.

처음 _____.
저는 마크라고 합니다.

잘 부탁드립니다.

_____.

01 감사합니다.

02 별말씀을요.

03 죄송합니다.

04 괜찮아요.

05 실례합니다.

01 **Gracias.**

감사합니다 es una expresión cortés que puede usar con cualquier persona para expresarle gratitud. Cuando lo haga, es bueno hacer también una ligera reverencia. Sin embargo, si la otra persona es un miembro de su familia o un amigo muy cercano, 감사합니다 es una expresión muy formal. En esos casos, es mejor usar la expresión 고마워요 que suena más amistosa.

02 **De nada.**

Para responder cortésmente a 감사합니다, usted puede decir 별말씀을요. Literalmente, esto quiere decir que no hay necesidad de mencionar el agradecimiento, y es usado como una respuesta humilde para cuando le den las gracias. Si piensa que la pronunciación es difícil, usted puede decir simplemente 아니에요.

03 **Lo siento.**

죄송합니다 es una expresión que puede usarse para expresar cortésmente "lo siento". Si la otra persona es mayor que usted o de estatus superior (como su jefe), diga esta expresión mientras hace una ligera reverencia. En relaciones casuales, como con colegas o personas más jóvenes que usted, usted puede utilizar 미안합니다 en su lugar.

04 **Está bien.**

괜찮아요 significa que no hay problema, y es una expresión que se utiliza para responder cuando se recibe las disculpas de otra persona. Además, 괜찮아요 se puede utilizar en otras situaciones. Por ejemplo, se puede utilizar para preguntar acerca de la condición de otra persona, expresando su preocupación a través de preguntar 괜찮아요? (¿Está usted bien?). También puede utilizarse para tranquilizar a otras personas diciendo 괜찮아요 en una baja entonación.

05 **Disculpe.**

실례합니다 es una expresión muy cortés y formal utilizada para pedir paciencia a alguien antes de hacer algo o para llamar la atención de alguien antes de hablar. En la vida diaria, los coreanos no utilizan "usted" cuando llaman la atención de otra persona como en inglés, así que ellos utilizan 저... mientras hacen un sonido para llamar la atención de alguien.

Conversación 1 Expresando gratitud

마크 저……. 길 좀 가르쳐 주세요.

한국인 이쪽으로 가세요.

마크 감사합니다.

한국인 별말씀을요.

Mark	Disculpe, ¿podría indicarme por donde tengo que ir?
Transeúnte	Vaya de aquel lado.
Mark	Gracias.
Transeúnte	De nada.

Conversación 2 Expresando lo siento

마크 정말 죄송합니다.

한국인 아니에요.

마크 괜찮으세요?

한국인 네, 괜찮아요.

Mark	Lo siento mucho.
Coreana	Está bien.
Mark	¿Se encuentra bien?
Coreana	Si, me encuentro bien.

Conversación 3 — Pidiendo permiso para pasar a un extraño

pista **009**

마크   실례합니다.

한국인   네?

마크   좀 지나가겠습니다.

한국인   아, 죄송합니다.

Mark	Disculpe.
Coreana	¿Sí?
Mark	¿Puedo pasar?
Coreana	Ah, lo siento.

Inténtelo

En este ejercicio práctico usted actuará como Mark, quien está teniendo una conversación con Minju. Mark está pidiendo agua a Minju.

pista **010**

저……. 물 좀 주세요.

여기 있어요.

별말씀을요.

_____ .

pista 011

01 알겠습니다.

02 잘 모르겠는데요.

03 아니요, 잘 못해요.

04 저도 그렇게 생각해요.

05 그래요.

01   Ya veo./Entiendo./Sí, señor.

알겠습니다 tiene tres significados. Primero, es una expresión cortés que se utiliza cuando desea hacer entender que usted sabe lo que la otra persona está queriendo decir. La segunda es para mostrar que usted entendió lo que se acaba de decir al concluir una conversación. Finalmente, se utiliza para confirmar que entendió la solicitud de otra persona y la llevará a cabo. En una compañía, cuando conteste a los clientes o a un superior, usted puede usar esta expresión. En relaciones más cercanas y amistosas, es mejor utilizar la expresión más casual 알겠어요.

02   No entiendo./No lo sé./No estoy seguro/a.

Esta expresión también tiene tres significados. Una es para expresar cortésmente que no entendió lo que le acaban de decir. La otra es para explicar el desconocimiento de información específica que le solicita la otra persona. Finalmente, es para explicar que no está seguro acerca de algo. Esta expresión se puede usar en cualquier ámbito.

03   No, no puedo hacerlo bien.

Cuando sea elogiado por alguna de sus habilidades, como hablar un idioma extranjero o cocinar, usted puede responder con humildad diciendo 아니요, 잘 못해요. En Corea, tradicionalmente es buena idea ser humilde acerca de sus habilidades. Incluso si usted piensa objetivamente que su desempeño es bueno, es importante que no exprese opiniones demasiado positivas acerca de usted.

04   De acuerdo. (lit. Yo pienso lo mismo.)

Esta expresión se utiliza cuando está de acuerdo con lo que dice alguna persona. 저도 그렇게 생각해요 es muy utilizada en conversaciones casuales. Por otro lado, si no está de acuerdo con lo que dice la otra persona, usted puede preguntar indirectamente 그렇게 생각하세요? (¿Eso cree?).

05   Hagámoslo.

Esta expresión se utiliza cuando comparte una opinión con otra persona y está de acuerdo con lo último que esta persona ha propuesto. Esta expresión tiene un fuerte sentido formal, y es usada por lo general por hombres con sus compañeros de trabajo. En caso de una conversación casual, usted puede usar 그래요, la cual es usada generalmente por mujeres en situaciones de trabajo.

Conversación 1 Expresando que entiende el pedido de otra persona

유진	저……. 부탁 하나 해도 돼요?
마크	말씀하세요.
유진	이거 좀 진수 씨한테 전해 주세요.
마크	네, 알겠어요.

Yujin   Disculpe, ¿puedo pedirle un favor?

Mark   Claro, dígame.

Yujin   ¿Podría entregarle esto a Jinsu?

Mark   Si, Lo haré.

Conversación 2 Explicando que usted no sabe bien algo

마크	덕수궁이 어디에 있어요?
유키코	프라자 호텔 알아요?
마크	글쎄요, 잘 모르겠는데요.
유키코	그럼, 시청 알아요?
마크	네, 알아요.
유키코	덕수궁은 시청 앞에 있어요.

Mark   ¿Dónde es el Palacio Deoksoo?

Yukiko   ¿Conoce el hotel Plaza?

Mark   No, no lo conozco.

Yukiko   Entonces, ¿Conoce el ayuntamiento?

Mark   Si, sé dónde está.

Yukiko   El Palacio Deoksoo está frente al ayuntamiento.

한국인 한국어 정말 잘하시네요.

마크 아니요, 잘 못해요.

한국인 무슨 말씀을요. 잘하시는데요.

마크 아직 멀었어요.

Coreana	Usted habla coreano muy bien.
Mark	No, no puedo hacerlo muy bien.
Coreana	¿Qué quiere decir? Usted habla muy bien.
Mark	Todavía tengo mucho que aprender. (lit. Aún está lejos)

Inténtelo

En este ejercicio práctico usted actuará como Mark, quien está teniendo una conversación con Minju en el mostrador de información para un seminario. Mark está explicando que él no conoce a la persona por la que Minju pregunta. Entonces ellos van a saludar a la persona juntos.

pista 015

저분이 누구세요?

글쎄요, _____.

그럼, 같이 가서 인사할까요?

그래요.

01 좋아요.

02 맞아요.

03 그럼요.

04 아, 그래요?

05 정말이에요?

01 **OK./Está bien.**

좋아요 se usa en la vida cotidiana para responder cuando usted acepte una propuesta que alguien haga. Para hacer que suene más formal, usted puede utilizar 좋습니다, la cual es generalmente usada por hombres. Por el contrario, si desea rechazar la propuesta de la otra persona, usted puede decir 미안해요 para disculparse e indicar el motivo de su rechazo.

02 **Tiene razón./Es correcto.**

맞아요 se utiliza para responder afirmativamente a la pregunta acerca de la validez de cierta información. Por el contrario, cuando quiera contestar negativamente, usted puede usar 틀려요 (está equivocado / no es correcto). Cuando desee verificar cierta información, usted puede decir 맞아요? en forma de pregunta. Esta expresión se usa a menudo cuando se requiere reconfirmación, por ejemplo, un número de teléfono o la hora de alguna reunión.

03 **Por supuesto./Seguro.**

Cuando exprese que algo es exactamente como espera que sea o es un hecho seguro, puede usar 그럼요. En una conversación formal, como en una reunión de negocios, es mejor utilizar 물론입니다.

04 **¿Es así?/¿De verdad?**

Cuando aprenda nueva información o llegue a comprender una situación en particular, puede responder diciendo 아, 그래요 con un tono ascendente al final. Se utiliza con mayor frecuencia en conversaciones coloquiales. También puede usarlo cuando muestre interés en la historia de otra persona o si no está seguro de cómo responder a ella.

05 **¿Es cierto?/¿De verdad?**

Esta expresión se usa cuando sea difícil de creer una historia que alguien le ha contado o cuando esté realmente sorprendido por la noticia que acaba de escuchar. Es mejor no usar esta expresión con sus superiores en situaciones formales, sino solo en relaciones cercanas.

Conversación 1 — Aceptando la propuesta de otros

유키코 내일 시간 있어요?

마크 네, 있어요.

유키코 그럼, 내일 같이 영화 봐요!

마크 좋아요. 그래요.

Yukiko ¿Tiene tiempo libre mañana?

Mark Si, lo tengo.

Yukiko Entonces, vamos a ver una película mañana.

Mark OK. Hagámoslo.

Conversación 2 — Verificando información

유키코 몇 시에 만나요?

마크 1시간 후에 봐요.

유키코 그럼, 3시 30분 맞아요?

마크 네, 맞아요.

Yukiko ¿A qué hora nos vemos?

Mark Veámonos en una hora.

Yukiko Entonces, ¿a las 3:30 está bien?

Mark Si, es correcto.

pista 019

유진 불고기 좋아해요?

마크 그럼요. 정말 좋아해요.

유진 저는 고기를 못 먹어요.

마크 아, 그래요?

Yujin	¿Le gusta el bulgogi?
Mark	Por supuesto, me encanta.
Yujin	Yo no puedo comer carne.
Mark	Oh, ¿de verdad?

Inténtelo

En este ejercicio práctico usted actuará como Mark, quien está teniendo una conversación por teléfono con Minju. Ellos están haciendo una reserva para ir de excursión juntos.

pista 020

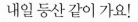

01 잘 지내셨어요?

02 오랜만이에요.

03 요즘 어떻게 지내세요?

04 덕분에 잘 지내요.

05 수고하셨습니다.

01 **¿Cómo está? (lit. ¿Ha estado bien?)**

Esta expresión se usa en la vida cotidiana para saludar conocidos. Puede usarse con personas que no haya visto desde hace mucho tiempo y con personas que ve con regularidad. Para responder a esta pregunta, puede decir simplemente 잘 지냈어요. Si se encuentra con alguien que conoce, puede decir 안녕하세요 primero y luego preguntar 잘 지내셨어요?. Al hacerlo, comenzará una conversación con naturalidad.

02 **Ha pasado mucho tiempo sin verlo.**

Esta expresión se usa cuando se encuentra con alguien conocido que no ha visto después de mucho tiempo. Una expresión similar es 오래간만이에요. Tanto 오랜만이에요 como 오래간만이에요 se utilizan a menudo en la vida diaria. Si recibe un saludo como este, puede responder diciendo 네, 정말 오랜만이에요.

03 **¿Cómo ha estado recientemente?**

Esta expresión es una pregunta que se le hace a alguien que no ha visto durante mucho tiempo y no se usa para las personas que ve con regularidad. Esta pregunta también es una expresión de uso frecuente en el lenguaje coloquial. Cuando le pregunten esto, puede responder diciendo 잘 지내요 o hablar sobre lo que ha estado haciendo estos días. Esta expresión permite iniciar una conversación al informar a la otra persona sobre cambios recientes en su vida.

04 **Gracias a usted, estoy bien.**

Esta expresión significa que debe su buena suerte o circunstancias al cuidado o preocupación de la otra persona. Se deriva de una forma de pensar oriental en la que el bienestar de uno se conecta con las personas que lo rodean en su vida. Es una expresión común en Corea, así que no dude en utilizarla.

05 **Buen trabajo./Aprecio su esfuerzo. (lit. Ha hecho un gran esfuerzo.)**

수고 significa esfuerzo en una tarea específica. La expresión 수고하셨습니다 implica la gratitud hacia el esfuerzo que alguien ha realizado en un trabajo. Puede utilizar esta expresión al despedirse o al pagar por el servicio. También se puede utilizar como un medio para animarse mutuamente cuando las personas que trabajan en el mismo lugar terminan el trabajo duro juntas.

Conversación 1 · Saludando a un conocido

마크   잘 지내셨어요?

유키코   네, 잘 지냈어요.

       마크 씨도 잘 지내셨어요?

마크   네, 저도 잘 지냈어요.

Mark	¿Cómo está? (lit. ¿Ha estado bien?)
Yukiko	Sí, estoy bien. ¿Cómo está usted, Mark?
Mark	Sí, yo también estoy bien.

Conversación 2 · Saludando a alguien que no ha visto en mucho tiempo

마크   오랜만이에요.

메이   네, 정말 오랜만이에요.

마크   요즘 어떻게 지내세요?

메이   덕분에 잘 지내요.

Mark	HHa pasado mucho tiempo sin verlo.
Mei	Si, de verdad ha pasado mucho tiempo.
Mark	¿Cómo ha estado recientemente?
Mei	Gracias a usted, estoy bien.

마크 여기에 놓아 주세요.

기사 네, 알겠습니다.

마크 수고하셨습니다.

기사 감사합니다.

Mark	Por favor, deténgase aquí.
Conductor	Sí, señor.
Mark	Gracias por un buen trabajo.
Conductor	Gracias.

Inténtelo

En este ejercicio práctico usted actuará como Mark, quien está teniendo una conversación con Yujin. Mark está preguntando a Yujin cómo ha estado recientemente.

pista 025

오랜만이에요.
_____?

안녕하세요?

덕분에 잘 지내요.
마크 씨는요?

_____.

01 맛있게 드세요.

02 잘 먹겠습니다.

03 잘 먹었습니다.

04 아니요, 괜찮아요.

05 초대해 주셔서 감사합니다.

01 **Disfrute su comida./Buen provecho.**

맛있게 드세요 es una expresión que se dice a la otra persona mientras se sirve la comida. Es posible que escuche esta expresión cuando lo inviten a la casa de algún conocido para comer o pidan comida en un restaurante. Esta expresión evoca un sentimiento amistoso y se usa a menudo en la vida cotidiana. En un sentido similar, puede decir 많이 드세요 (lit. Por favor coma mucho). Use esta expresión para ofrecer comida a otras personas.

02 **Gracias por la comida./Buen provecho. (hacia si mismo)**

잘 먹겠습니다 es una frase que expresa gratitud a la persona que sirvió la comida antes de comer. Literalmente significa que comerá bien. También puede usarlo para agradecer a alguien que paga por la comida en un restaurante. Se acostumbra responder 맛있게 드세요 a esta expresión. Puede utilizar estas expresiones tanto en la vida cotidiana como en situaciones formales.

03 **Gracias por la comida. (se usa después de comer)**

잘 먹었습니다 es una expresión típica para agradecer a la persona que sirvió la comida después de comer. También puede ser utilizado en el momento de pagar después de haber terminado de comer en un restaurante. Es una expresión que se puede utilizar en cualquier momento de la vida cotidiana o en una situación formal.

04 **No, gracias. (lit. No, está bien.)**

Los coreanos a menudo ofrecen más comida a quienes han terminado de comer porque piensan que servir más comida es una expresión del 정 (afecto y calidez) coreano y la cortesía hacia la otra persona. En este momento, 아니요, 괜찮아요 se utiliza como expresión de suave rechazo. Aun así, se acostumbra a ofrecer más comida hasta tres veces en Corea, por lo que si realmente quiere negarse, puede decir exageradamente 아니요, 많이 먹었어요 (No, comí mucho).

05 **Gracias por invitarme.**

Al salir de una fiesta o evento, puede decir 초대해 주셔서 감사합니다 (gracias por invitarme). El anfitrión puede responder diciendo 와 주셔서 감사합니다 (gracias por venir). Si quiere retirarse de una reunión o fiesta, puede decir cortésmente 그만 가 볼게요 (tendré que irme). Si es una reunión formal, entonces es mejor usar 그만 가 보겠습니다 en su lugar.

Conversación 1 Antes de comer

pista **027**

한국인 맛있게 드세요.

마크 잘 먹겠습니다.

(después de probar la comida) 정말 맛있네요.

한국인 그래요? 많이 드세요.

마크 네.

Coreana	Disfrute su comida.
Mark	Gracias por la comida. *(después de probar la comida)* Está deliciosa.
Coreana	¿De verdad? Sírvase cuanto guste.
Mark	Sí.

Conversación 2 Después de comer

pista **028**

마크 잘 먹었습니다.
정말 맛있었어요.

한국인 조금 더 드릴까요?

마크 아니요, 괜찮아요.

한국인 알겠어요.

Mark	Gracias por la comida. Estuvo deliciosa.
Coreana	¿Quisiera comer más?
Mark	No, gracias.
Coreana	OK.

pista **029**

마크   초대해 주셔서 감사합니다.

한국인 와 주셔서 고마워요.

마크   안녕히 계세요.

한국인 안녕히 가세요. 또 놀러 오세요.

Mark	Gracias por invitarme.
Coreana	Gracias por venir.
Mark	Adiós
Coreana	Adiós. Vuelva pronto.

Inténtelo

En este ejercicio práctico usted actuará como Mark, quien está teniendo una conversación con Yujin. Yujin ha invitado a Mark a comer.

pista **030**

맛있게 드세요.

_____.

(despúes de probar la comida)

음식은 어땠어요?

정말 맛있었어요.

_____.

01 축하합니다.

02 제가 한턱낼게요.

03 힘드시겠어요.

04 걱정하지 마세요.

05 힘내세요.

01 Felicitaciones.

Al felicitar a alguien, puede usar 축하합니다. Puede nombrar la ocasión primero, como 생일 (cumpleaños), 승진 (promoción), 합격 (aprobar un examen de ingreso) y agregar 축하합니다 al final. Puede usarlo en situaciones formales e informales por igual. Para responder a esta frase, puede decir 감사합니다.

02 Yo invito.

En Corea, existe la costumbre de que la persona que está celebrando compre comida en un restaurante o invite a amigos cercanos a cenar juntos. La expresión 제가 한턱낼게요 se utiliza para expresar su intención de invitar a los demás. Existe una cultura en la que los coreanos comen juntos y una persona paga las comidas del grupo, incluso si no hay nada especial que celebrar. Esta cultura se debe a la renuencia de los coreanos a calcular su parte de la cuenta por separado cuando salen a comer. Entonces, los coreanos se turnan para pagar la comida del grupo uno a uno.

03 Debe ser duro para usted.

힘드시겠어요 se usa para consolar a alguien que lo necesita. Tenga en cuenta que, a diferencia del español, en coreano, 미안해요 solo se usa para disculparse, por lo que no se usa para consolar. Si se siente triste o insatisfecho con una situación incómoda que no deseaba, diga 유감입니다.

04 No se preocupe.

걱정하지 마세요 se utiliza para tranquilizar a alguien que está preocupado por algo malo. Esta expresión puede sonar un poco grosera para personas de otras culturas. Sin embargo, los coreanos lo usan a menudo porque creen que es esencial mostrar una preocupación particular por las personas que están en problemas. Por lo general, puede usar 걱정 마세요 como forma abreviada de 걱정하지 마세요.

05 ¡Ánimo! (lit. Por favor, tenga más fuerza.)

힘내세요 se usa para animar a alguien que está preocupado o desanimado por algo malo. La palabra prestada del inglés 파이팅! (fighting!) también se usa, especialmente para apoyar a atletas y multitudes justo antes de un juego. Cuando se acompaña de un gesto de puño cerrado, se sentirá como si les estuviera dando fuerza.

Conversación 1 Felicitando a alguien

pista 032

마크 승진 축하합니다.

동호 감사합니다.

마크 정말 잘됐어요.

동호 제가 한턱낼게요.

Mark	Felicitaciones por su ascenso.
Dongho	Gracias.
Mark	Estoy contento por usted. (lit. todo salió bien)
Dongho	Yo le invito. (una comida/ bebida para celebrar)

Conversación 2 Consolando a alguien que está teniendo problemas

pista 033

마크 힘드시겠어요.

한국인 네.

마크 제가 도울 일이 있으면 언제든지
말해 주세요.

한국인 고맙습니다.

Mark	Deber ser muy duro para usted.
Coreana	Sí.
Mark	Déjeme saber si hay algo que pueda hacer.
Coreana	Gracias.

pista 034

메이   결과가 걱정돼요.

마크   걱정하지 마세요. 잘될 거예요.

메이   네, 고마워요.

마크   힘내세요. 파이팅!

Mei	Estoy preocupado por mis resultados.
Mark	No se preocupe. Todo saldrá bien.
Mei	Sí, gracias.
Mark	Que tenga fuerza, ¡Ánimo!

Inténtelo

En este ejercicio práctico usted actuará como Mark, quien está teniendo una conversación con Minju. Mark está felicitando a Minju por su cumpleaños y haciendo una reserva para cenar juntos.

pista 035

01 여보세요.

02 지금 통화 괜찮아요?

03 실례지만, 누구세요?

04 잠깐만요.

05 전화 잘못 거셨어요.

01 **¿Diga?/¿Aló?/¿Hola?**

여보세요 es una expresión habitual con la cual se contesta el teléfono, sin importar quién sea la otra persona. Puede usarla en cualquier conversación casual o en una situación formal. Cuando se despida cortésmente al final de una llamada, puede decir 안녕히 계세요. También puede decir 끊을게요 en un ambiente informal.

02 **¿Está usted disponible ahora? (lit. ¿Está bien llamarlo ahora?)**

Esta expresión se utiliza para preguntar si la otra persona está disponible para hablar en ese momento. Es común ser educado al hacer estas preguntas cuando habla con alguien con quien está en contacto para una relación comercial o alguien que no conoce bien. Cuando reciba una pregunta como esta, puede decir 네, 괜찮아요 si puede hablar, o 제가 다시 전화할게요 si es difícil hacerlo en ese momento, para expresar la promesa de devolver la llamada.

03 **Disculpe, ¿quién es?**

Esta expresión se usa para preguntar cortésmente por la identidad de la persona que llama o que lo visita. También puede usarlo con personas que deseen hablar con otra persona durante una llamada telefónica. Es una pregunta educada y para ella debe usar una baja entonación.

04 **Espere un momento.**

잠깐만요 se usa a menudo en lenguaje coloquial como una expresión para pedir a la otra persona que espere un momento. Esta expresión no es una expresión formal, pero es una expresión útil que no ofende a la otra persona cuando necesita tiempo mientras habla. También puede utilizar 잠시만요 con el mismo significado. Sin embargo, si desea usarlo en una situación formal, debe usar 잠깐만 (잠시만) 기다려 주세요 en su lugar.

05 **Llamó al número equivocado.**

전화 잘못 거셨어요 se usa para informar cortésmente a la otra persona que marcó el número equivocado cuando hizo la llamada. Recuerde que puede usarlo a menudo en su vida diaria. Para transmitir un tono formal, diga 전화 잘못 거셨습니다.

Conversación 1   Haciendo una llamada telefónica

유진	여보세요.
마크	여보세요. 저 마크예요.
유진	마크 씨, 안녕하세요.
마크	지금 통화 괜찮아요?
유진	괜찮아요. 말씀하세요.

Yujin	¿Diga?
Mark	¿Diga? Yo soy Mark.
Yujin	¿Mark? Hola.
Mark	¿Puede hablar ahora?
Yujin	Sí, dígame.

Conversación 2   Buscando a alguien por teléfono

마크	여보세요. 폴 씨 계세요?
한국인	지금 안 계신데요. 실례지만, 누구세요?
마크	저는 마크라고 합니다. 메모 좀 전해 주세요.
한국인	잠깐만요.

Mark	¿Hola? ¿Se encuentra Paul?
Coreana	No se encuentra ahora. Disculpe, ¿quién habla?
Mark	Soy Mark. ¿Podría dejarle un mensaje?
Coreana	Espere un momento.

한국인 여보세요. 김수민 씨 좀 바꿔 주세요.

마크 전화 잘못 거셨어요.

한국인 네? 거기 754-8812 아니에요?

마크 아닙니다.

한국인 죄송합니다.

Coreana	¿Hola? ¿Puedo hablar con Kim Sumin?
Mark	Llamó al número equivocado.
Coreana	¿Sí? ¿Es éste el 754-8812?
Mark	No.
Coreana	Disculpe.

Inténtelo

En este ejercicio práctico usted actuará como Mark, quien está teniendo una conversación con Yujin. Mark está hablando con Yujin por teléfono.

pista **040**

저, 마크예요.
지금 통화 괜찮아요?

여보세요.

미안해요.
제가 다시 전화할게요.

pista **041**

01 네?

02 뭐라고 하셨어요?

03 못 들었어요.

04 다시 한번 말해 주세요.

05 잘 안 들려요.

01 ¿Perdón?/¿Lo siento?

Esta expresión se usa cuando no pudo escuchar a la otra persona y pide que le repitan lo que se dijo. Elevar un poco el tono al final y preguntar suavemente no es de mala educación.

02 ¿Perdón? (lit. ¿Qué dijo?)

Esta expresión se usa para pedirle a la otra persona que le repita un mensaje. Esta expresión es respetuosa, pero el hecho de que no haya escuchado lo que dijo una persona mayor o de mayor rango puede sonar descortés. Es mejor hablar en un tono suave tanto como sea posible.

03 No puedo escucharlo.

Esta expresión significa que no ha podido escuchar a la otra persona. En otras palabras, no se trata de no escuchar intencionalmente, sino de expresar que se perdió el flujo de la conversación o que no se entendió la situación. Esta expresión puede resultar útil cuando sienta que es difícil seguir el rápido discurso de los coreanos.

04 Por favor, dígalo una vez más.

Esta expresión se usa para pedir cortésmente a la otra persona que repita lo que ha dicho. Esta expresión en sí es educada y gentil, por lo que cualquier persona puede usarla. Si la otra persona habla demasiado rápido y le resulta difícil de entender, puede decir 천천히 말해 주세요 (por favor, hable despacio).

05 No puede escucharle bien.

Esta expresión se usa cuando la voz de la otra persona es demasiado baja o el entorno es demasiado ruidoso para escuchar a la otra persona. Se utiliza especialmente durante las llamadas telefónicas. Cuando le pida a la otra persona que hable más alto, puede decir 크게 말해 주세요.

Conversación 1 — Cuando no pudo escuchar lo que le dijeron

유진   진수 씨 전화번호 좀 가르쳐 주세요.

마크   네?

유진   진수 씨 전화번호요.

마크   네, 잠깐만요.

Yujin	Por favor, dígame el número de teléfono de Jinsu
Mark	¿Perdón?
Yujin	El número de teléfono de Jinsu.
Mark	Si, espere un momento.

Conversación 2 — Cuando le pide a otra persona que repita lo que dijo

마크   조금 전에 뭐라고 하셨어요?

메이   네?

마크   잘 못 들었어요.
다시 한번 말해 주세요.

메이   네, 알겠어요.

Mark	¿Qué acaba de decir?
Mei	¿Perdón?
Mark	No pude escucharla. ¿Podría repetir lo que dijo?
Mei	OK, entiendo.

마크 잘 안 들려요.
    좀 크게 말해 주세요.

수잔 *(en voz alta)* 이제 잘 들려요?

마크 아니요.

수잔 제가 다시 전화 걸게요.

Mark	No puedo escucharla. ¿Podría hablar más fuerte?
Susan	*(en voz alta)* ¿Puede escucharme bien ahora?
Mark	No.
Susan	Le llamaré nuevamente.

Inténtelo

En este ejercicio práctico usted actuará como Mark, quien está teniendo una conversación con una coreana que está hablando muy rápido. Mark está pidiendo a la persona que repita lo que dijo.

pista 045

저, 다시 한번 _____.

네?

잘 _____.

네, 내일 3시에 오세요.

pista **046**

01 주말 잘 보내세요.

02 안녕히 가세요.

03 내일 봐요.

04 몸조리 잘하세요.

05 연락할게요.

01 **Que tenga un buen fin de semana.**

주말 잘 보내세요 es una despedida que usted puede utilizar de manera agradable cuando se despida de personas como amigos o compañeros de trabajo antes del fin de semana. Si se dice 휴가 잘 보내세요 reemplazando 주말 por 휴가, es una despedida deseando tener unas buenas vacaciones. Cuando recibe un saludo como este, puede responder con lo mismo a la otra persona.

02 **Adiós.**

안녕히 가세요 es una expresión típica para cuando se despide de la gente. En coreano, hay dos tipos de despedida, es decir, desde su punto de vista, se predice el comportamiento futuro de la otra persona y se selecciona el saludo. Por ejemplo, si al despedirse de la otra persona usted permanece en el mismo lugar mientras la otra persona se aleja, use 안녕히 가세요. Por el contrario, si usted es la persona que se retira, mientras la otra permanecerá en su sitio, use 안녕히 계세요. Si tienen intimidad entre sí, pueden cambiar el significado de 안녕히 가세요 a 잘 가요 y de 안녕히 계세요 a 잘 있어요 en un sentido amistoso.

03 **Lo veré mañana./Hasta mañana.**

내일 봐요 es un saludo menos formal que 안녕히 가세요 y generalmente se usa con un amigo de su edad o un compañero de trabajo de un puesto similar. No es una expresión formal, por lo que es una buena idea decir 내일 뵙겠습니다 cuando hable con un superior de manera formal.

04 **Cuídese.**

몸조리 잘 하세요 es una expresión usada con personas que actualmente se encuentran en mal estado de salud. Se puede usar con cualquier persona, ya sea un amigo o una persona mayor. Si recibe un saludo como éste, simplemente diga 감사합니다. Cuando quiera decirle a alguien que tenga cuidado con algo, como un resfriado, puede decir 감기 조심하세요.

05 **Me pondré en contacto con usted.**

Cuando prometa que se comunicará con alguien, puede decir 연락할게요. Esta expresión solo se puede utilizar entre personas que tengan una relación cercana. Si la otra persona es una persona mayor o de alto rango, es una buena idea decir 연락드리겠습니다 en su lugar.

pista **047**

마크 주말 잘 보내세요.

수잔 마크 씨도요.

마크 안녕히 계세요.

수잔 안녕히 가세요.

Mark	Que tenga un buen fin de semana.
Susan	Usted también, Mark.
Mark	Adiós (a la persona que se queda)
Susan	Adiós (a la persona que se va)

pista **048**

마크 그만 가 볼게요.

유진 잘 가요.

마크 내일 봐요.

유진 내일 봐요.

Mark	Tengo que irme.
Yujin	Adiós (lit. que vaya bien)
Mark	Hasta mañana.
Yujin	Hasta mañana.

마크   몸조리 잘하세요.

메이   네, 고마워요.

마크   나중에 연락할게요.

메이   그래요.

Mark   Le deseo que se mejore.

Mei   Sí, gracias.

Mark   Le contactaré más tarde.

Mei   De acuerdo.

Inténtelo

En este ejercicio práctico usted actuará como Mark, quien está teniendo una conversación con Minju. Minju está despidiéndose y deseando a Mark unas felices vacaciones. En respuesta, Mark está diciendo adiós y deseando a Minju unas felices vacaciones también.

pista **050**

마크 씨, 휴가 잘 보내세요.

민주 씨도 _____.

그럼, 먼저 갈게요.
안녕히 계세요.

_____.

Parte 2

24 Escenas en la vida cotidiana

24 Escenas en la vida cotidiana

Capítulo 1. Comenzando su viaje en Corea

Capítulo 2. Preparando lo que necesita para vivir en Corea

Capítulo 3. Manteniéndose en una ... ...nidos en Corea

Capítulo 4. Adaptándose a la vida en Corea

Capítulo 5. Resolviendo problemas

Capítulo 1

Comenzando su viaje en Corea

야마다 유키코 (일본)
Yukiko Yamada (Japón)

Capítulo 1

Comenzando su viaje en Corea

En la terminal de buses del aeropuerto

Preguntando por información de buses

좀 천천히 말해 주세요

¿Podría hablar más despacio, por favor?

BUS

6001

6002

6003

Yukiko

Un transeúnte coreano

Conversación

pista **051**

유키코	저……. 몇 번 버스가 명동에 가요?
한국인	잠깐만요. 6001번 버스가 명동에 가요.
유키코	네? 좀 천천히 말해 주세요.
한국인	6001번 버스요.
유키코	버스가 얼마나 자주 있어요?
한국인	20분마다 있어요.
유키코	감사합니다.

Yukiko	Disculpe, ¿Qué bus va a Myeongdong?
Coreano	Un momento. El bus número 6001 va a Myeongdong.
Yukiko	¿Perdón? ¿Podría hablar más despacio, por favor?
Coreano	Bus número 6001.
Yukiko	¿Cada cuánto tiempo llega el bus?
Coreano	Cada 20 minutos.
Yukiko	Gracias.

▶ Nuevo vocabulario

몇 번 ¿cuál?, ¿qué número?

버스 bus

명동 Myeongdong (un lugar en Seúl)

가다 ir

좀 por favor, un poco

천천히 despacio

말하다 hablar, decir

있다 haber
(indicando la presencia de algo)

분 minuto

마다 cada
(frecuencia con que se repite algo)

▶ Nuevas expresiones

저……. Disculpe.

잠깐만요. Un momento.

네? ¿Sí?

몇 번 버스가 …에 가요?
¿Qué bus va a …?

얼마나 자주 …이/가 있어요?
¿Cada cuánto tiempo (viene/hay) …?

▶ Acercamiento

❶ 몇 번
(para preguntar acerca de números específicos)

Cuando pregunte acerca números específicos, usted puede usar la palabra 몇 번. (¿Cuál?, ¿Qué número?) Por ejemplo, 몇 번 puede ser usado para preguntar acerca de números de teléfono, direcciones, códigos postales, asientos en el teatro, o cualquier otra pregunta relacionada con números. Cuando se le pregunte, usted puede responder usando números Sino–Coreanos (일, 이, 삼, …). Si usted desea que alguien le repita el número para confirmar, usted puede decir 몇 번이에요? (¿Qué número es?)

Ej. A 전화번호가 몇 번이에요?
¿Cuál es su número de teléfono?

B <u>3672–9415</u>예요.
Es <u>3672–9415</u>.

❷ 얼마나 자주
(para preguntar acerca de la frecuencia de una acción que se repite)

Cuando pregunte acerca de la frecuencia de cierta acción o evento, usted puede usar la frase 얼마나 자주 (¿Cada cuánto tiempo?). Cuando se le pregunte, hay dos formas de responder. Una es decir el momento específico en la que el evento vuelve a ocurrir, por ejemplo 일요일마다 (cada domingo) añadiendo 마다 al final del tiempo específico. La otra opción es expresar el intervalo de tiempo en que vuelve a ocurrir, como en 일주일에 한 번 (una vez al mes).

Ej. A 얼마나 자주 모임에 가요?
¿Cada cuánto tiempo va a la reunión?

B <u>일요일마다</u> 가요.
Voy <u>cada lunes.</u>
(= <u>일주일에 한 번</u> 가요. = Voy <u>una vez a la semana.</u>)

Retrospectiva

• Leyendo los números Sino–Coreanos

Vamos a revisar los números Sino–Coreanos.

1	2	3	4	5	6	7	8	9	10
일	이	삼	사	오	육	칠	팔	구	십

20	30	40	50	……	100	……	150
이십	삼십	사십	오십	……	백	……	백 오십

> **! ¡Cuidado!**
> Vamos a revisar la siguiente pronunciación.
> 11 십일 [시빌] 66 육씹뉵
> 16 십육 [심뉵] 101 배길
> 19 십구 [육씹뉵] 106 [뱅뉵]

Enfoque Gramatical

Tabla gramatical **p.268**

–아/어 주세요 ¿Podría por favor …?

–아/어 주세요 se añade al final de un verbo, y es utilizado cuando pide a su interlocutor que realice una acción específica para usted. –아/어 주세요 se utiliza con verbos simples. Los verbos de tipo 하다 se utilizan conjugando el verbo y añadiendo 주세요 al final de modo que complete la oración 해 주세요. Los verbos que terminen con ㅏ, ㅗ usan la forma –아 주세요, mientras que el resto de verbos usan la forma –어 주세요. Un método simple de uso es cambiar primero el verbo y conjugarlo en tiempo presente para que sea del tipo –아/어요, y luego eliminar el 요, para finalmente añadir 주세요.

가르치다	길을 가르쳐 주세요.	¿Podría indicarme el camino?
말하다	천천히 말해 주세요.	¿Podría hablar más despacio?
오다	여기로 와 주세요.	¿Podría venir aquí?
★돕다	도와주세요.	¿Podría ayudarme?

Cuando le pida a alguien un objeto en lugar de una acción, solamente use 주세요 después del objeto. Por ejemplo, cuando pida agua, diga 물 주세요.

커피 주세요.   ¿Podría darme café, por favor?

영수증 주세요.   ¿Podría darme el recibo, por favor?

좀 significa "por favor" y es utilizado para hablar más cortésmente en conversaciones coloquiales. Hay dos formas en las que puede ser usado. Una es reemplazar el marcador de objeto 을/를. La otra es antes de un verbo o de un adverbio, para enfatizarlo.

길 좀 가르쳐 주세요.   ¿Podría mostrarme el camino, por favor?

좀 천천히 말해 주세요.   ¿Podría hablar más despacio, por favor?

Autoevaluación

1~4 Observe cada imagen y elija la oración correcta de las opciones mostradas.

> ㉠ 전화번호를 알려 주세요.　　㉡ 사진을 찍어 주세요.
>
> ㉢ 천천히 말해 주세요.　　㉣ 도와주세요.

1.

2.

3.

4.

5~7 Use –아/어 주세요 con los verbos mostrados para completar las siguientes oraciones.

Ej.　A　약속 시간을 잘 모르겠어요. 저한테 __알려 주세요__. (알리다)

　　　B　네, 알겠어요.

5.　A　길이 많이 막혀요. 조금만 ＿＿＿＿＿＿＿＿. (기다리다)

　　　B　알겠어요.

6.　A　컴퓨터가 고장 났어요. 내일 ＿＿＿＿＿＿＿＿. (고치다)

　　　B　알겠어요. 내일 7시에 고쳐 드릴게요.

7.　A　이 옷이 좀 작아요. 다른 사이즈 옷으로 ＿＿＿＿＿＿＿＿. (바꾸다)

　　　B　네, 바꿔 드릴게요.

Respuestas **p.277**

Ensayo de gramática

pista 052

pista 052

(Adverbio) 말해 주세요 Entendiendo la forma de hablar

안 들려요. 크게 말해 주세요.	No se escucha bien. ¿Podría hablar más fuerte?
너무 빨라요. 천천히 말해 주세요.	Es muy rápido. ¿Podría hablar más despacio?
못 들었어요. 다시 한번 말해 주세요.	No lo pude escuchar. ¿Podría repetírmelo una vez más?
한국어를 몰라요. 영어로 말해 주세요.	No hablo coreano. ¿Podría decírmelo en inglés?

(Pregunta) 알려 주세요 Pidiendo más información

어떻게 가야 해요? 알려 주세요.	¿Cómo debo ir? ¿Podría decírmelo?
버스비가 얼마예요? 알려 주세요.	¿Cuánto cuesta la tarifa del bus? ¿Podría decírmelo?
어디에서 표를 사요? 알려 주세요.	¿Dónde compro el boleto? ¿Podría decírmelo?
시간이 얼마나 걸려요? 알려 주세요.	¿Cuánto demora en llegar? ¿Podría decírmelo?

Vocabulario adicional

• **Vocabulario relacionado al bus**

교통 카드 tarjeta de transporte
충전 recarga
매표소 boletería
버스 정류장 parada de bus
버스 기사 conductor de bus
짐 equipaje

교통 카드

버스 정류장

짐

Ensayo de conversación

pista 053

(Tiempo) 에 있어요/(Intervalo de tiempo) 마다 있어요 Explicando el horario de bus

몇 시에 버스가 있어요?   ¿A qué hora pasa el bus?

➡ 12시에 있어요.   ➡ Pasa a las 12.

➡ 10분 후에 있어요.   ➡ Pasa dentro de 10 minutos.

➡ 20분마다 있어요.   ➡ Pasa cada 20 minutos.

➡ 30분마다 있어요.   ➡ Pasa cada 30 minutos.

(Lugar) 이/가 어디예요 Preguntando por lugares

화장실이 어디예요?   ¿Dónde está el baño?

매표소가 어디예요?   ¿Dónde está la boletería?

버스 정류장이 어디예요?   ¿Dónde está la parada de bus?

안내 데스크가 어디예요?   ¿Dónde está el mostrador de información?

Consejos de pronunciación

몇 시 [멷 씨]

pista 054

Cuando la sílaba acaba en consonante ㄷ, ㅌ, ㅅ, ㅈ, ㅊ, ㅎ, éstas se pronuncian como [ㄷ], por tanto 몇 se pronuncia [멷]. Si la sílaba acaba en consonante con sonido [ㄱ, ㄷ, ㅂ], y la siguiente sílaba inicia con las consonantes ㄱ, ㄷ, ㅂ, ㅅ, ㅈ, éstas se pronuncian como [ㄲ, ㄸ, ㅃ, ㅆ, ㅉ] respectivamente. Entonces, después de la sílaba [멷]; la que sigue 시 cuya primera consonante es ㅅ, se pronuncia [ㅆ].

예 몇 번 [멷 뻔] 몇 개 [멷 깨]

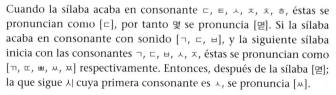

Pausa para el Café

Modo de leer los números del bus

Cuando leen números, los coreanos usan los números Sino-Coreanos, pero ¿cómo leería usted números como 602-1? De forma similar al idioma inglés, "–" se pronuncia como "dash" [다시] en coreano. Así que 602-1 se lee como 육백이 다시 일. Si no pudo escuchar el número, puede solicitar que se lo repitan diciendo 네?. Usar sus dedos también es una buena manera de hacerlo.

Del aeropuerto a su destino

Hay tres formas de llegar a su destino desde el Aeropuerto Internacional de Incheon por medio de transporte público: el bus del aeropuerto, la línea de tren del aeropuerto y tomar un taxi.

Primero, el bus del aeropuerto es más barato que un taxi, es un gran viaje y es muy cómodo. Los buses van desde el Aeropuerto Internacional de Incheon pasando por el Aeropuerto de Gimpo hasta llegar a las principales atracciones de Seúl, y hay entre 3 y 4 buses cada hora. Toma alrededor de 30 minutos ir desde el Aeropuerto de Incheon al de Gimpo, y de 30 minutos a una hora desde el Aeropuerto de Gimpo a cada zona de Seúl. Inmediatamente tras salir del aeropuerto del aeropuerto, hay una boletería y una parada de buses, y usted puede revisar la ruta del bus buscando su destino en la pantalla táctil. Si planea usar el bus del aeropuerto nuevamente más adelante, puede verificar con el conductor la ubicación de la parada de bus hacia el Aeropuerto de Incheon cuando se baje en su destino. Desde el Aeropuerto de Incheon, usted puede ir en bus directamente a regiones como Busan, Gwangju, Daejeon, etc.

A continuación, la línea de tren del aeropuerto es la forma más rápida de llegar a su destino a un precio asequible y sin atascos de tráfico. La línea de tren del aeropuerto se divide en trenes directos y regulares. El tren directo puede viajar rápidamente desde el Aeropuerto de Incheon hasta la Estación de Seúl en media hora sin detenerse. El tren regular toma alrededor de 60 minutos desde el Aeropuerto de Incheon hasta la Estación de Seúl, y usted puede hacer transbordo a las estaciones de metro de Seúl y su área metropolitana en las estaciones a medio camino. La línea de tren del aeropuerto tiene la ventaja de tener instalaciones limpias, precios económicos y ser fácil de usar.

Finalmente, usted puede tomar un taxi tan pronto como salga del aeropuerto, pero son relativamente costosos comparados con los buses o la línea de tren del aeropuerto. Aún así, la ventaja si toma un taxi, es que usted puede llegar directamente a su destino final.

Usted puede ir a cualquiera de los mostradores de información que se encuentran por todo el aeropuerto y le indicarán como llegar a su destino. Si usted necesita un intérprete en su idioma, puede llamar al 1330 (no hace falta un código de área) para utilizar el servicio gratuito de intérpretes las 24 horas del día por medio de la Organización de Turismo de Corea, ellos la ayudarán no solamente con información de transporte, sino también restaurantes y alojamiento.

En la estación de metro

Preguntando por la dirección en la que va el metro

반대쪽에서 타세요

Tome el metro en el lado opuesto

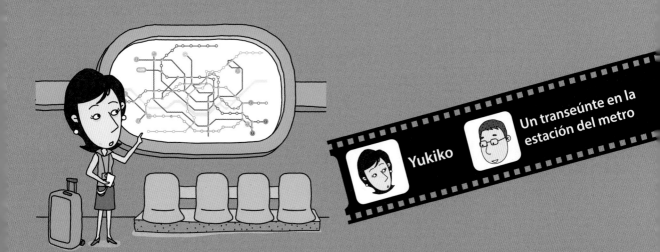

Yukiko

Un transeúnte en la estación del metro

유키코	저……. 이 지하철이 강남역에 가요?
한국인	아니요, 반대쪽에서 타세요.
유키코	반대쪽요?
한국인	네, 저기에서 타세요.
유키코	반대쪽에 어떻게 가요?
한국인	이 계단으로 가세요.
유키코	알겠어요. 감사합니다.

Yukiko	Disculpe, ¿este metro va a la estación de Gangnam?
Coreano	No. Tome el metro en el lado opuesto.
Yukiko	¿El lado opuesto?
Coreano	Sí, suba de aquel lado.
Yukiko	¿Cómo puedo ir al lado opuesto?
Coreano	Vaya por estas escaleras.
Yukiko	Entendido. Gracias.

▶ Nuevo vocabulario

이 esta, este

지하철 metro

강남역 Estación de Gangnam

에 en

반대쪽 lado opuesto

에서 en

(으)로 por medio de...

타다 tomar, subir (medios de transporte)

저기 aquel lugar

어떻게 ¿cómo?

계단 escaleras

▶ Nuevas expresiones

아니요. No.

반대쪽에서 타세요.
Suba en el lado opuesto.

반대쪽에 어떻게 가요?
¿Cómo puedo ir al lado opuesto?

이 계단으로 가세요.
Vaya por estas escaleras.

알겠어요. Entendido.

▶ Acercamiento

❶ 이/그/저
(Este/Ese/Aquel)

이/그/저 se utiliza delante de un sustantivo para referirse al objeto indicado según su posición respecto al hablante, en español es equivalente a decir "este" y "ese/aquel". 이 se usa para referirse a un objeto cercano al hablante, 저 se usa para referirse a un objeto que se encuentra lejos tanto del hablante como del oyente. Mientras que 그 se utiliza cuando se hace referencia a un objeto alejado del hablante, pero cercano al oyente; y también cuando se habla acerca de un objeto que no está a la vista de los participantes en la conversación.

Ej.) 이 지하철이 명동에 가요?
¿Este metro va a Myeongdong?

Ej.) 저 사람 알아요? ¿Conoce usted aquella persona?

Ej.) 어제 그 영화 재미있었어요?
¿Estuvo divertida esa película ayer?

❷ 에 y 에서
(Expresiones que indican lugar)

En coreano, las expresiones 에 y 에서 se usan para indicar un lugar. La expresión 에서 se usa para indicar el lugar donde ocurren verbos de acción como 운동하다 (hacer ejercicio) o 먹다 (comer), mientras que la expresión 에 se utiliza para indicar el lugar de un verbo de estado, como 있다 o 없다. Además, 에 se utiliza con adjetivos, para indicar el lugar donde se describe un estado.

Ej.) 보통 저는 집에서 밥을 먹어요.
Yo normalmente como en casa.

Ej.) 지금 집에 있어요. Ahora estoy en casa.

Retrospectiva

• Indicando dirección

En coreano, cuando se hace referencia a una dirección, se agrega la partícula 쪽. Cuando se hace referencia a los puntos cardinales 동쪽 (este), 서쪽 (oeste), 남쪽 (sur) o 북쪽 (norte), éstos se escriben con 쪽 al final. Y si se apunta con la mano hacia cierta dirección se puede decir 이쪽 (este lado) o 저쪽 (aquel lado) al mismo tiempo.

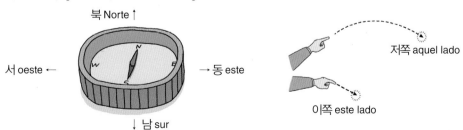

북 Norte ↑

서 oeste ←

→ 동 este

↓ 남 sur

저쪽 aquel lado

이쪽 este lado

Enfoque Gramatical

Tabla gramatical **p.268**

Los imperativos –(으)세요 y –지 마세요

–(으)세요 se utiliza en conversaciones diarias para cortésmente pedir, solicitar, aconsejar u ordenar a la otra persona que haga algo. –(으)세요 se combina con la raíz del verbo. Cuando la raíz de un verbo termina en vocal, ésta se conjuga con –세요; y cuando termina en consonante, se conjuga con –으세요.

들어오다	들어오세요.	Pase.
앉다	여기 앉으세요.	Siéntese aquí.
★ 듣다	아침 뉴스를 들으세요.	Escuche las noticias de la mañana.

Por el contrario, cuando pida, solicite, aconseje u ordene a la otra persona que no haga algo, use –지 마세요 en la raíz del verbo.

| 피우다 | 담배를 피우지 마세요. | No fume. |
| 먹다 | 이 음식을 먹지 마세요. | No coma esta comida. |

La mayoría de los verbos se usan como imperativos agregando –(으)세요 a la raíz del verbo. Sin embargo, algunos verbos básicos como 먹다 (comer), 마시다 (beber), 있다 (estar), 자다 (dormir), 말하다 (hablar) que se usan en la vida cotidiana son especiales al crear imperativos cuando se quiere ser cortés. Estos verbos se transforman en sus formas honoríficas 잡수시다 (comer), 드시다 (comer/beber), 계시다 (estar), 주무시다 (dormir), 말씀하시다 (hablar) cuando se conjugan en imperativo.

먹다, 마시다	드시다	Ej. 많이 드세요.	Coma mucho.
있다	계시다	Ej. 안녕히 계세요.	Que esté muy bien. (despedida)
자다	주무시다	Ej. 안녕히 주무세요.	Duerma muy bien.
말하다	말씀하시다	Ej. 좀 크게 말씀하세요.	Hable más fuerte.

! **¡Cuidado!**
La expresión –(으)세요 aprendida aquí y la expresión –아/어 주세요 aprendida en la Escena 1 son diferentes. –아/어 주세요 se usa cuando se le pide a alguien que haga algo para usted. Por otro lado, –(으)세요 se usa para instruir a alguien que haga algo que no necesariamente es para el hablante. Por ejemplo, cuando una mujer le pide a un hombre que le compre un bolso, ella usa –아/어 주세요, mientras que cuando la mujer le aconseja al hombre que compre un bolso, ella usa –(으)세요.

Autoevaluación

1~3 Observe cada imagen y elija la opción correcta para completar la oración.

Ej.

14페이지를 ☑️ 펴세요 / ② 펴지 마세요.

1.

의자에 ① 앉으세요 / ② 앉지 마세요.

2.

책을 ① 보세요 / ② 보지 마세요.

3.

영어로 ① 말하세요 / ② 말하지 마세요.

4~6 Elija la palabra correcta y complete la conversación usando –(으)세요 o –지 마세요.

먹다	얘기하다	피우다	건너다

Ej. A 한국어를 어떻게 공부해요?

B 한국 사람하고 많이 __얘기하세요__.

4. A 은행에 어떻게 가요?

B 저기 가게 앞에서 길을 _____.

5. A 요즘 힘이 없어요.

B 그러면 이 약을 _____.

6. A 목이 너무 아파요.

B 담배가 안 좋아요. 담배를 _____.

Respuestas **p.277**

Ensayo de gramática

pista 056

가세요   Mostrando el camino

쭉 가세요.	Vaya directamente.
왼쪽으로 가세요.	Vaya a la izquierda.
오른쪽으로 가세요.	Vaya a la derecha.
길을 따라 가세요.	Siga el camino.

–지 마세요   Diciendo lo que está escrito en un cartel

뛰지 마세요.	No corra.
사진을 찍지 마세요.	No tome fotografías.
음식을 먹지 마세요.	No ingiera alimentos.
담배를 피우지 마세요.	No fume.

Vocabulario adicional

• **Vocabulario relacionado con el metro**

도착 llegada
출발 inicio, partida
출구 salida
입구 entrada
비상구 salida de emergencia
개찰구 torniquete

출구, 입구

Ensayo de conversación

pista 057

어디에서/어느 역에서 …? Pidiendo información de un lugar

어디에서 사요?
➡ 입구에서 사세요.

¿Dónde lo compro?
➡ Compre en la entrada.

어디에서 타요?
➡ 반대쪽에서 타세요.

¿Dónde subo?
➡ Suba por el otro lado.

어느 역에서 내려요?
➡ 강남역에서 내려요.

¿En qué estación bajo?
➡ Bájese en la estación de Gangnam.

어느 역에서 갈아타요?
➡ 시청역에서 갈아타요.

¿En qué estación cambio?
➡ Cambie en la estación del Ayuntamiento.

(medio, camino) (으)로 가세요 Informando cómo ir

어떻게 가야 해요?

¿Cómo debo ir?

➡ 이쪽으로 가세요.

➡ Vaya por este camino.

➡ 계단으로 가세요.

➡ Vaya por las escaleras.

➡ 엘리베이터로 가세요.

➡ Vaya por el ascensor.

➡ 에스컬레이터로 가세요.

➡ Vaya por la escalera eléctrica.

Consejos de pronunciación

pista 058

감사합니다 [감사함니다]

Cuando el sonido final de una sílaba se pronuncia como [ㄱ, ㄷ, ㅂ], y si la siguiente sílaba comienza con ㄴ, ㅁ, esa última consonante [ㄱ, ㄷ, ㅂ] se pronuncia como [ㅇ, ㄴ, ㅁ]. En el ejemplo anterior la consonante final [ㅂ] en 합 se pronuncia como [ㅁ], ya que la siguiente sílaba 니 empieza con ㄴ.

예 **죄송합니다** [죄송함니다] **미안합니다** [미안함니다]

☕ Pausa para el Café

Comprobación de la dirección del metro

La línea 2 del metro de Seúl es una línea circular, pero otras líneas del metro son rectas, por lo que es importante saber en qué dirección va. Si el letrero del metro dice OO 방면, significa que el metro va en la dirección de OO. Por ejemplo, si desea ir al aeropuerto de Gimpo por medio de la línea 5 del metro, busque un letrero que diga 김포공항 방면 (al aeropuerto de Gimpo) o pregunte a las personas que pasan 이거 김포공항 방면 지하철 맞아요? (¿Va este tren al aeropuerto de Gimpo?).

La conveniente tarjeta de transporte público de Seúl

En Seúl es muy conveniente usar el transporte público porque tiene una red de transporte bien equipada y sus costos con económicos. El transporte público se puede usar con dinero en efectivo y con tarjetas de transporte. Es común usar tarjetas de transporte no solo porque estas tarjetas son convenientes, si no que cuando usted paga en efectivo no se puede hacer transbordos a otros medios de transporte públicos, lo que sí se puede hacer con las tarjetas. Las tarjetas de transporte se pueden comprar o recargar en las tiendas de conveniencia. Los coreanos suelen usar tarjetas de crédito con funciones de transporte o usan aplicaciones móviles de tarjetas de transporte.

Con una tarjeta de transporte, usted puede hacer transbordo entre el metro y el bus en Seúl y Gyeonggi–do, por lo que puede viajar cómodamente desde Seúl al área metropolitana por un precio de alrededor de 1,200 a 2,000 won. Puede hacer transbordo a otros medios de transporte de forma gratuita en un lapso de 30 minutos. Sin embargo, si el viaje desde el primer lugar hasta la última parada es de más de 10 kilómetros y el tiempo requerido es de más de una hora, se le cobrará un recargo. Sin embargo, sin importar cuán alto sea el recargo, siempre será menos del doble de la tarifa básica.

Utilizar una tarjeta de transporte es muy fácil. Solo necesita posicionar la tarjeta de transporte contra la terminal al subir y bajar del metro o bus. Cada persona en el metro debe usar una tarjeta de transporte, pero en el bus, varias personas pueden pagar la tarifa con una sola tarjeta. Para calcular el número de personas con una tarjeta de transporte, al subir al bus, primero dígale al conductor el número de personas y una vez que el conductor haya terminado de operar la terminal, toque la terminal con la tarjeta. No obstante, desde ese momento debe seguir el mismo procedimiento cada vez que haga una transbordo.

También puede pagar el taxi con una tarjeta de transporte. Aún así, tenga en cuenta que desde un taxi no puede hacer un transbordo al metro o bus.

Dentro de un vagón del metro

Saludando a alguien por primera vez

외국인이세요?

¿Es usted extranjero/a?

Yukiko

Un transeúnte en el tren del metro

Conversación

pista 059

유키코 저……. 강남역 멀었어요?

한국인 아직 멀었어요.

유키코 네.

한국인 외국인이세요?

유키코 네, 일본에서 왔어요.

한국인 그런데 한국말을 잘하세요.

유키코 아니에요, 잘 못해요.

Yukiko Disculpe, ¿está lejos la estación de Gangnam?

Coreano Todavía está lejos.

Yukiko Sí.

Coreano ¿Es usted extranjera?

Yukiko Si, vengo de Japón.

Coreano Pero habla bien coreano.

Yukiko No, no lo hablo muy bien.

▶ Nuevo vocabulario

멀다	lejos
아직	aún, todavía
외국인	extranjero/a
일본	Japón
그런데	sin embargo, a propósito
한국말	coreano (idioma)
잘하다	hacer bien
아니다	no
잘	bien
못하다	no poder hacer

▶ Nuevas expresiones

… 멀었어요?
¿Está lejos …?

아직 멀었어요.
Todavía está lejos.

네. Sí.

한국말을 잘하세요.
Habla coreano bien.

아니에요, 잘 못해요.
No, no lo hago bien.

▶ Acercamiento

❶ 잘해요 y 못해요
(hacerlo bien y no puede hacerlo)

Cuando se domina acciones que requieren habilidad o destreza, como el ejercicio o la cocina, se usa el verbo 잘하다 (hacerlo bien); pero cuando se tiene la capacidad, habilidad o destreza, se usa el verbo 못하다. 잘하다 y 못하다 se usan con las partículas 을/를, pero en conversaciones coloquiales, 을/를 se pueden omitir.

Ej. 진수 씨는 수영을 잘해요. 그런데 요리를 못해요.
Jinsu nada muy bien. Pero no puede cocinar.

❷ 아니요 y 아니에요 (Cuando respone negativamente)

Tanto 아니요 como 아니에요 se utilizan para responder negativamente, pero se utilizan de manera diferente. 아니요 es la respuesta contraria a 네 (Sí). Por otro lado, 아니에요 tiene el sentido de 그것이 아니다 (no es eso). En la frase 한국어를 잘하는 것이 아니다 (no hablo bien coreano) no se usa 아니요, sino 아니에요.

Ej. A 폴 씨, 학생이에요?
Paul, ¿es usted estudiante?

B 아니요, 학생이 아니에요.
No, no soy estudiante.

Retrospectiva

• Nacionalidad e idioma

Cuando se indique una nacionalidad, se agrega 사람 o 인 después del nombre del país; y cuando se indica el idioma, se usa 말 o 어 después del nombre del país.

		Corea	Japón	China	España	EE. UU.	País extranjero
Nacionalidad	Casual	한국 사람 Coreano/a	일본 사람 Japonés/sa	중국 사람 Chino/a	스페인 사람 Español	미국 사람 Estadounidense	외국 사람 Extranjero/a
	Formal	한국인 Coreano/a	일본인 Japonés/sa	중국인 Chino/a	스페인인 Español	미국인 Estadounidense	외국인 Extranjero/a
Idioma	Casual	한국말 Coreano	일본말 Japonés	중국말 Chino	스페인말 Español	영어 Inglés	외국말 Idioma Extranjero
	Formal	한국어 Coreano	일본어 Japonés	중국어 Chino	스페인어 Español	영어 Inglés	외국어 Idioma Extranjero

(*El idioma inglés es una excepción)

Enfoque Gramatical

Honoríficos –(으)세요 Para hablar cortésmente

El lenguaje honorífico se utiliza cuando el sujeto de una oración es mayor en edad o en estatus que el hablante, agregando –(으)시– al predicado de la oración para mostrar respeto al sujeto de la oración. También puede utilizar honoríficos al plantear una pregunta a otra persona. Al plantear un pregunta, en tiempo presente se agrega –(으)세요 a la raíz del verbo o del adjetivo, en tiempo pasado se agrega –(으)셨어요, y en tiempo futuro –(으)실 거예요. Además, para mostrar respeto al sujeto de la oración, se puede reemplazar 이/가 por 께서.

General	친구가 전화해요.	Mi amigo está llamando.
Honorífico	아버지께서 전화하세요.	Mi padre está llamando
General	친구가 신문을 읽어요.	Mi amigo está leyendo el periódico.
Honorífico	어머니께서 신문을 읽으세요.	Mi madre está leyendo el periódico.

Al mostrar respeto al oyente, también se utiliza la palabra honorífica –(으)세요. Tenga en cuenta que se usa honoríficos cuando hace preguntas, pero no cuando responda acerca de usted.

A 어디에 가세요?   ¿Dónde está yendo?

B (제가) 은행에 가요. (O)   (Yo) voy al banco.
   (제가) 은행에 가세요. (X)

Algunos verbos de la vida cotidiana como 먹다, 마시다, 있다, 자다, 말하다 se cambian a su forma honorífica 잡수시다, 드시다, 계시다, 주무시다, 말씀하시다 del mismo modo que cuando usa el imperativo.

> ⓘ **¡Cuidado!**
> El imperativo –(으)세요 y la forma honorífica –(으)세요 se escriben de igual forma, pero tienen diferentes significados. Sin embargo, la forma negativa es muy diferente. La forma negativa del imperativo es –지 마세요, mientras que la forma negativa honorífica es –지 않으세요.
>
> | | Imperativo | Honorífico en tiempo presente |
> |---|---|---|
> | Afirmativo | 전화하세요.
Llámeme. | 아버지께서 자주 전화하세요.
Mi padre llama a menudo. |
> | Negativo | 전화하지 마세요.
No me llame. | 아버지께서 자주 전화하지 않으세요.
Mi padre no llama a menudo. |

Autoevaluación

1~5 Las siguientes son oraciones que Yukiko usa para describir a su madre. Use honoríficos para completar las oraciones.

Ej. 제 어머니는 지금 일본에 _계세요_ . (있다)

1. 여행을 아주 _____. (좋아하다)

2. 그래서 여행을 자주 _____. (가다)

3. 어제도 어머니께서 저한테 _____. (전화하다)

4. 지난달에 어머니가 한국에 _____. (오다)

5. 그때 한국 음식을 많이 _____. (먹다)

6~8 En la siguiente conversación, Mark pregunta con honoríficos. Use la forma honorífica para completar la conversación.

Ej. A 어디에서 _일하세요_ ?

    B 우체국에서 일해요.

6. A 자주 텔레비전을 _____?

    B 네, 자주 봐요.

7. A 어제 어디에 _____?

    B 집에 있었어요.

8. A 어제 저녁에 무슨 책을 _____?

    B 한국 문화 책을 읽었어요.

Respuestas **p.277**

Ensayo de gramática

pista 060

(Sustantivo) (이)세요? Verificando la identidad de una persona con la que debe usar honoríficos

한국 분이세요?   ¿Es usted coreano?

➡ 네, 한국 사람이에요.   ➡ Sí, soy coreano.

직장인이세요?   ¿Es usted un oficinista?

➡ 아니요, 학생이에요.   ➡ No, soy un estudiante.

미국 분이세요?   ¿Es usted estadounidense?

➡ 아니요, 캐나다 사람이에요.   ➡ No, soy canadiense.

언제 -(으)셨어요? Haciendo una pregunta a una persona con la que debe usar honoríficos

언제 한국에 오셨어요?   ¿Cuándo vino a Corea?

➡ 일주일 전에 왔어요.   ➡ Vine hace una semana.

언제 처음 서울에 오셨어요?   ¿Cuándo vino por primera vez a Seúl?

➡ 이번에 처음 왔어요.   ➡ Ésta es mi primera vez.

언제 한국어 공부를 시작하셨어요?   ¿Cuándo empezó a estudiar coreano?

➡ 작년에 시작했어요.   ➡ Comencé el año pasado.

Vocabulario adicional

• **Vocabulario relacionado con información personal**

나라 país

고향 pueblo natal

나이 edad

취미 pasatiempo

전공 especialidad

연락처 información de contacto (email, teléfono)

Ensayo de conversación

pista 061

(Lugar) 에 다녀요/에서 일해요   Hablando acerca de lo que hace

무슨 일 하세요?   ¿A qué se dedica?

➡ 회사에 다녀요.   ➡ Trabajo en una compañía.

➡ 학교에 다녀요.   ➡ Voy a la escuela.

➡ 집에서 일해요.   ➡ Trabajo desde casa.

➡ 학원에서 일해요.   ➡ Trabajo en una academia.

(Hora requerida) 걸려요   Diciendo la hora requerida

여기에서 강남역까지 얼마나 걸려요?   ¿Cuánto tiempo se tarda desde aquí hasta la estación de Gangnam?

➡ 30분쯤 걸려요.   ➡ Tarda unos 30 minutos.

➡ 1시간쯤 걸려요.   ➡ Toma alrededor de una hora.

➡ 오래 걸려요.   ➡ Toma mucho tiempo.

➡ 얼마 안 걸려요.   ➡ No toma mucho tiempo.

Consejos de pronunciación

못해요 [모태요]

pista 062

Cuando se pronuncia el final de una sílaba, solo se pronuncian las que pertenecen al grupo [ㄱ, ㄴ, ㄷ, ㄹ, ㅁ, ㅂ, ㅇ]. Si la sílaba termina en ㄷ, ㅌ, ㅅ, ㅆ, ㅈ, ㅊ, ㅎ, todas estas se pronuncian como [ㄷ]; en el ejemplo anterior 못 se pronuncia como [몯]. Si la sílaba termina con ㄱ, ㄷ, ㅂ, ㅈ, y la siguiente empieza con ㅎ, las consonantes finales se pronuncian [ㅋ, ㅌ, ㅍ, ㅊ] respectivamente. En el ejemplo anterior 못해요, la sílaba que se pronuncia [몯] termina con el sonido [ㄷ], y la que sigue 해요 empieza con ㅎ; por tanto esta última se pronuncia como [ㅌ]. Finalmente, 못해요 se pronuncia [모태요].

☕Pausa para el ☕afé

Preguntando sobre la edad

Los coreanos a menudo preguntan su edad cuando se conocen por primera vez, ya que tienen que usar el lenguaje adecuado para la otra persona en función de su edad. Si se le pregunta a alguien de una edad similar, se puede usar 나이가 어떻게 되세요? (¿Qué edad tiene?); también puede preguntar indirectamente por el año de nacimiento con 몇 년생이세요?, o 무슨 띠세요?. Use 연세가 어떻게 되세요? (¿Qué edad tiene?) para preguntar a las personas mayores sobre su edad.

Nombres coreanos

Cuando los extranjeros escuchan nombres coreanos, puede resultarles muy difícil memorizarlos. Esto se debe a que hay muchas personas con el mismo apellido, y excepto en unos pocos casos, la mayoría de los nombres coreanos tienes tres sílabas y suenan similares.

Entre los apellidos en Corea, 김 (Kim) es el más popular (alrededor del 21.6%), seguido de 이 (Lee) (14.8%), 박 (Park) (8.5%), y 최 (Choi) (4%). Estos cuatro constituyen aproximadamente el 49.6% de la población total. Hay mucha gente con el mismo apellido, por tanto, es raro en Corea llamar a las personas solo por su apellido en lugar de su nombre. En cambio, en el lugar de trabajo, se agregan títulos como 사장님 (Presidente) o 부장님 (Director) después del apellido, por ejemplo, 김 사장님 (Presidente Kim) o 이 부장님 (Director Lee). Para personas que conozca en privado, se agrega 씨 después del nombre completo para expresar respeto. Por ejemplo, a 김진수 no se lo llama 김 씨, sino más bien 김진수 씨.

La mayoría de los nombres coreanos constan de una sola sílaba para el apellido y dos sílabas para el nombre. Hay casos en los que los hermanos tienen el mismo apellido y una de las dos sílabas del nombre es la misma, lo que se denomina como 돌림자. Incluso ahora en Corea existe un libro llamado 족보 (Genealogía) donde se enumeran los nombres y el árbol genealógico de las personas de la familia, y se muestra el orden en que cada miembro de la familia ha nacido, haciendo fácil conocer el 돌림자. Por ejemplo, los hermanos de 박진호 (Park Jin–ho) mantienen la sílaba final 호 de sus nombres como 박영호 (Park Young–ho) y 박준호 (Park Jun–ho); y en la siguiente generación, la sílaba intermedia se estableció como en 박종원 (Park Jong–won) y 박종수 (Park Jong–su). Debido a esto, los nombres de los hermanos coreanos suenan similares. Además, a diferencia de países extranjeros, es raro que padre e hijo tengan el mismo nombre y se deba asociar "Jr." al nombre. Recientemente se utiliza algo de 돌림자 en pocas ocasiones.

Un dato curioso es que una mujer no cambia su apellido por el apellido de su esposo después del matrimonio. En Corea, el linaje es importante, por lo que incluso si una mujer se casa, mantiene el mismo apellido que recibió de su padre. Por esto, incluso si una mujer coreana se casa, su esposo e hijos tienen el mismo apellido, pero ella tiene un apellido diferente al de su familia.

En la calle

Pidiendo instrucciones para llegar a su destino

이쪽으로 쭉 가면 오른쪽에 편의점이 있어요

Si sigue recto por este camino,
hay una tienda de conveniencia a la derecha

Yukiko   Un transeúnte

유키코 저……. 인사동에 어떻게 가요?

한국인 이쪽으로 쭉 가면 오른쪽에 편의점이 있어요.

유키코 네.

한국인 편의점 앞에서 횡단보도를 건너세요.

유키코 그다음은요?

한국인 조금 더 가면 약국이 보여요.
약국 앞에서 왼쪽으로 가면 인사동이에요.

유키코 고맙습니다.

Yukiko	Disculpe, ¿cómo llego a Insadong?
Coreano	Si sigue recto por este camino, hay una tienda de conveniencia a la derecha.
Yukiko	Sí.
Coreano	Cruce el paso peatonal frente a la tienda de conveniencia.
Yukiko	¿Y después?
Coreano	Si va un poco más lejos, verá una farmacia. Frente a la farmacia, si va a la izquierda, estará Insadong.
Yukiko	Gracias.

▶ Nuevo vocabulario

인사동 Insadong (un lugar en Seúl)

이쪽 este lado

쭉 rrecto, derecho (cuando habla de direcciones en la calle)

오른쪽 lado derecho

편의점 tienda de conveniencia

앞 frente a

횡단보도 paso peatonal

건너다 cruzar

그다음 después

조금 un poco

더 más

보이다 poder ver

약국 farmacia

왼쪽 lado izquierdo

▶ Nuevas expresiones

···에 어떻게 가요? ¿Cómo voy a ...?

그다음은요? ¿Y después?

···이/가 보여요. Puede ver ....

고맙습니다. Gracias.

▶ Acercamiento

❶ 그다음은요?

(para preguntar por la siguiente instrucción)

En conversaciones casuales, las repeticiones a menudo se omiten. Cuando se repite la misma pregunta, se omite la parte repetida y se agrega −요 para expresar respeto. En esta conversación, cuando se dice 그다음은 어떻게 가요? (y después, ¿Cómo voy?) se omite la pregunta 어떻게 가요?, y se agrega −요 para decir 그다음은요? (¿Y después?).

Ej.　A　어떻게 지내요?
　　　　¿Cómo está?

　　　B　저는 잘 지내요. 진수 씨는요? (= 진수 씨는 어떻게 지내요?)
　　　　Yo estoy bien. ¿Y usted, Jinsu? (= ¿Cómo está Jinsu?)

　　　A　저도 잘 지내요.
　　　　Yo también estoy bien.

❷ La partícula (으)로

(para preguntar por la dirección de un lugar)

En coreano, cuando se expresa una dirección con los verbos de movimiento 가다 u 오다, la palabra que indica la dirección es seguida por la partícula 으로. Por ejemplo, diciendo 이쪽으로 가세요 (vaya por este lado) mientras señala con la mano. Por otro lado, al expresar la ubicación de un objeto con el verbo de estado 있다, la palabra que indica la posición va seguida de la partícula 에. Por ejemplo 화장실이 이쪽에 있어요. (el baño está por este lado)

Retrospectiva

• Expresiones que indican ubicación

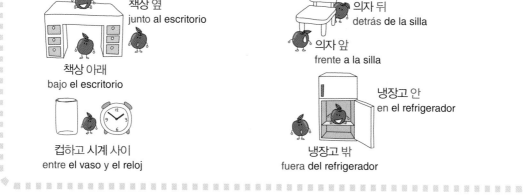

책상 위
encima del escritorio

책상 옆
junto al escritorio

책상 아래
bajo el escritorio

컵하고 시계 사이
entre el vaso y el reloj

의자 뒤
detrás de la silla

의자 앞
frente a la silla

냉장고 안
en el refrigerador

냉장고 밖
fuera del refrigerador

Enfoque Gramatical

Tabla gramatical **p.269**

–(으)면 Si...

La partícula –(으)면 denota una oración que contiene una cláusula condicional. A diferencia del inglés, las cláusulas condicionales siempre van primero, seguidas de las cláusulas de resultado. En el siguiente ejemplo, se usa la expresión condicional 이쪽으로 쭉 가면 (si va por este lado), y a continuación se usa la expresión que indica el resultado 오른쪽에 편의점이 있어요 (hay una tienda de conveniencia a la derecha). –(으)면 se combina con la raíz de un verbo o la raíz de un adjetivo. Cuando la raíz de un verbo o de un adjetivo termina con una vocal, se agrega –면; y cuando termina en consonante se agrega –으면.

La expresión –(으)면 también se usa para expresar una suposición diferente a la realidad. Por ejemplo, suponiendo que sí tiene dinero en este momento, pero en realidad no lo tiene, primero escribe la cláusula condicional 돈이 있으면 (si tuviese dinero), y luego la cláusula de resultado 세계 여행을 갈 거예요 (viajaría por el mundo).

가다	왼쪽으로 가면 약국이 있어요.
	Si va a la izquierda, hay una farmacia.

오다	내일 비가 안 오면 등산하러 갈 거예요.
	Si no llueve mañana, iré de excursión.

좋다	날씨가 좋으면 같이 산책해요!
	Si hace buen clima, ¡Vamos a caminar juntos!

★듣다	한국 음악을 많이 들으면 듣기를 잘할 거예요.
	Si escucha bastante música coreana, su habilidad para entender el coreano mejorará.

★춥다	날씨가 추우면 다음에 만나요.
	Si hace frío, nos vemos la próxima vez.

> (!) **¡Cuidado!**
> En verbos como 살다 (vivir) o adjetivos como 멀다 (lejos), cuya raíz termina con la consonante ㄹ, cuando se conjugan no se utiliza la sílaba 으. Así que en lugar de usar –으면, se utiliza –면 cuando se haga la cláusula condicional.
>
> 살다 → 살면 (O)   (Ej). 한국에서 살면 한국어를 빨리 배울 거예요.
>   살으면 (X)   Si vive en Corea, aprenderá el idioma coreano rápidamente.
> 멀다 → 멀면 (O)   (Ej). 집이 학교에서 멀면 피곤할 거예요.
>   멀으면 (X)   Si su casa está lejos de la escuela, estará cansado.

Autoevaluación

1~4 Enlace las siguientes cláusulas para completar las oraciones.

1. 오른쪽으로 가면 •   • ㉠ 그 옷을 안 살 거예요.

2. 날씨가 좋으면 •   • ㉡ 산책할 거예요.

3. 한국 친구가 있으면 •   • ㉢ 병원이 보여요.

4. 옷이 너무 비싸면 •   • ㉣ 한국어를 빨리 배울 거예요.

5~7 Observe el siguiente mapa para completar la conversación.

5. A 실례합니다. 영화관이 어디에 있어요?
   B 이쪽으로 쭉 가면 약국이 보여요. 횡단보도를 건너면 _____이/가 있어요.
   약국에서 _____으로 가면 오른쪽에 있어요.

6. A 실례합니다. 공원이 어디에 있어요?
   B 이쪽으로 쭉 가면 _____이/가 있어요. 길을 건너면 _____이/가 있어요.
   우체국에서 _____으로 가면 공원이 오른쪽에 있어요.

7. A 실례합니다. 주차장이 어디에 있어요?
   B 이쪽으로 _____ 가면 사거리가 보여요. 사거리를 지나서 가면 _____에 있어요.
   커피 _____에 있어요.

Respuestas **p.277**

Ensayo de gramática

–(으)면 (lugar) 이/가 있어요/보여요 Explicando el camino a seguir

박물관에 어떻게 가요?

¿Cómo puedo llegar al museo?

➡ 왼쪽으로 가면 박물관이 있어요.

➡ Si va por el lado izquierdo, allí está el museo.

지하철역에 어떻게 가요?

¿Cómo llego a la estación del metro?

➡ 오른쪽으로 가면 지하철역이 보여요.

➡ Si va por el lado derecho, allí está la estación del metro.

식당에 어떻게 가요?

¿Cómo llego al restaurante?

➡ 저 건물을 지나면 식당이 보여요.

➡ Pasando este edificio, puede ver el restaurante.

–(으)면 –(으)세요 Haciendo una solicitud

횡단보도를 보면 건너세요.

Si ve un paso peatonal, crúcelo.

약국이 보이면 오른쪽으로 가세요.

Cuando pueda ver la farmacia, vaya a la derecha.

질문이 있으면 언제든지 물어보세요.

Si tiene alguna pregunta, siéntase libre de preguntar.

Vocabulario adicional

• **Vocabulario relacionado con la calle**

사거리 intersección
횡단보도 paso peatonal
신호등 semáforo
간판 rótulo
골목 callejón
쓰레기통 bote de basura

Ensayo de conversación

pista 065

이 근처에 (lugar)이/가 있어요? <small>Pidiendo información de un lugar cercano</small>

이 근처에 화장실이 있어요?	¿Hay un baño por aquí?
➡ 네, 2층에 있어요.	➡ Sí, está en el segundo piso.
이 근처에 편의점이 있어요?	¿Hay una tienda de conveniencia por aquí?
➡ 네, 저기에 있어요.	➡ Sí, ahí está.
이 근처에 영화관이 있어요?	¿Hay un cine cerca de aquí?
➡ 네, 저 건물 뒤에 있어요.	➡ Sí, está detrás de este edificio.

얼마나 멀리/오래/많이/자주 …? <small>Preguntando por cantidades</small>

얼마나 멀리 가야 해요?	¿Qué tan lejos debo ir?
➡ 500m쯤 가면 돼요.	➡ Puede ir unos 500 metros.
얼마나 오래 가야 해요?	¿Por cuánto tiempo tengo que ir?
➡ 10분쯤 가면 돼요.	➡ Puede tardar unos 10 minutos.
사람이 얼마나 많이 있어요?	¿Cuántas personas hay?
➡ 100명쯤 있어요.	➡ Hay unas 100 personas.

Consejos de pronunciación

앞 [압]/앞에서 [아페서]

 pista 066

Cuando una sílaba con consonante final se escribe sola, las consonantes finales ㅂ, ㅍ se pronuncian como [ㅂ], las consonantes finales ㄱ, ㅋ se pronuncian como [ㄱ], y las consonantes finales ㄷ, ㅅ, ㅌ, ㅈ, ㅊ, ㅎ se pronuncian como [ㄷ], como en el primer ejemplo anterior. Sin embargo, cuando la siguiente sílaba empieza con una vocal, el sonido de la consonante final se mueve al primer sonido de la siguiente sílaba y se pronuncia. En el segundo ejemplo anterior, en 앞에서 la consonante final ㅍ pasa su sonido [ㅍ] a la siguiente sílaba, y se pronuncia [아페서].

☕ Pausa para el Café

Al pedir direcciones

Seúl es una ciudad con una historia de 600 años, y a menudo las calles construidas en el pasado no son completamente rectas. Además, aunque los nombres de las calles en el mapa se utilizan oficialmente para las direcciones, éstos son diferentes de los nombres locales que la gente allí suele utilizar. Por lo tanto, al buscar direcciones, es una buena idea buscar edificios grandes y visibles cerca de su destino. Solo tiene que preguntar 그 근처에 큰 빌딩 뭐가 있어요? (¿Qué edificio grande hay cerca de allí?).

La forma en que los coreanos muestran cortesía e intimidad

Los coreanos valoran el orden jerárquico de acuerdo con su edad y posición, por lo que sus maneras de expresar cortesía y tratar con los demás cambian en consecuencia. Por eso, cuando conozca a alguien con quien necesite ser cortés, incline la cabeza para saludarle, intercambie objetos con ambas manos. Incluso cuando salude dándose la mano, la cual es una forma occidental de saludar, use su  mano izquierda para sostener la mano derecha con la que saluda. Para ser educado, cuando beba con una persona mayor, voltee su cuerpo hacia un lado para no mostrarse bebiendo.

Sin embargo, solo por inclinarse o usar ambas manos, no puede decirse que se sea perfectamente cortés. El contacto visual, lo que en el occidente es considerado importante cuando se comunica con otros, es incómodo de mantener para los coreanos con sus superiores. En Corea, cuando una persona mayor lo felicite o lo regañe, es considerado descortés para el subordinado levantar la cabeza y mirar a los ojos al superior, por lo que los coreanos escuchan a sus mayores con sus cabezas ligeramente inclinadas. Mientras que la gente en occidente encuentra este comportamiento descortés, los coreanos lo consideran cortés. Este tipo de diferencias culturales pueden llevar a pequeños malos entendidos.

Algunas personas mayores acarician la cabeza o las mejillas de algún niño que encuentran en la calle, y este comportamiento es una forma de revelar una especie de intimidad. Hay gente que regala a los niños dulces o chocolates. Mientras los occidentales pueden ver esto como un comportamiento extraño y desconocido, los coreanos piensan que es bueno alguien que trate bien a sus niños.

 Además, es importante para los coreanos mostrar intimidad con sus pares, tanto como cortesía con sus superiores. Por ejemplo, puede ver a menudo chicas de preparatoria o universidad tomándose de la mano o caminando tomadas del brazo en las calles de Corea. No es fuera de lo común que los hombres coreanos caminen abrazados por el hombro. No hay un significado sexual especial para los coreanos al tener contacto físico con pares de su mismo sexo, es solo una forma de expresar intimidad. Por supuesto, habrá diferencias de persona a persona, pero considerando la sensación de distancia cómoda entre personas, los coreanos son definitivamente más cercanos que los occidentales.

Capítulo **2**
Preparando lo que necesita para vivir en Corea

마크 로빈슨 (미국)
Mark Robinson (EE UU)

Capítulo 2

Preparando lo que necesita para vivir en Corea

En la oficina de inmigración

Solicitando la tarjeta de registro de extranjero

외국인 등록증을 신청하고 싶어요

Quiero obtener la tarjeta de registro de extranjero

Mark

Empleada de la oficina de inmigración

Conversación

pista **067**

마크	외국인 등록증을 신청하고 싶어요.
직원	신청서를 주세요.
마크	여기 있어요.
직원	여권하고 사진 주세요.
마크	여기요. 외국인 등록증이 언제 나와요?
직원	2주 후에 나와요.
마크	우편으로 받고 싶어요.
직원	알겠습니다. 여기에 주소를 써 주세요.

Mark	Quiero obtener la tarjeta de registro de extranjero.
Empleada	Su formulario de solicitud, por favor.
Mark	Aquí está.
Empleada	Su pasaporte y foto, por favor.
Mark	Aquí están. ¿Cuándo se emite la tarjeta de registro de extranjero?
Empleada	Se emite en 2 semanas.
Mark	Quiero recibirla por correo.
Empleada	Está bien. Escriba su dirección aquí, por favor.

등록증 certificado de registro

신청하다 solicitar

신청서 solicitud

여기 aquí

여권 pasaporte

하고 y, además

사진 fotografía

주다 dar

언제 ¿cuándo?

나오다 emitir

주 semana

후 después

우편 correo

받다 recibir

주소 dirección

쓰다 escribir

▶ **Nuevas expresiones**

…을/를 주세요.
Deme (…), por favor.

여기 있어요. Aquí esta.

여기요. Aquí esta.

▶ **Acercamiento**

❶ La partícula 하고

(para agregar varios sustantivos)

La expresión 하고 se escribe después de un sustantivo para indicar que el siguiente sustantivo se agrega al anterior. Ya sea que el sustantivo acabe en consonante o vocal, en ambos casos se agrega 하고. En lugar de 하고, también se puede utilizar 와/과, o la expresión (이)랑. Las expresiones 와/과 se usan principalmente en lenguaje formal o escrito, y la expresión (이)랑 se usa en conversaciones casuales. La expresión 하고 se puede usar en cualquier caso, formal y casual.

Ej.) 사과하고 포도를 먹어요.(= 사과와 포도, 사과랑 포도)
Yo como manzanas y uvas.

Ej.) 책하고 가방을 샀어요.(= 책과 가방, 책이랑 가방)
Compré un libro y un bolso.

❷ La partícula (으)로

(para indicar el medio por el cual se hace algo)

La partícula (으)로 indica un medio, proceso o herramienta. Si el sustantivo anterior termina con una vocal o con la consonante ㄹ, se agrega 로, y si se termina con cualquier otra consonante, se agrega (으)로.

Ej.) 매일 버스로 집에 가요.
Voy a casa en bus todos los días.

Ej.) 청구서는 이메일로 보내 주세요.
Envíe la factura por correo electrónico.

Ej.) 검은색 펜으로 이름을 써요.
Escriba su nombre con bolígrafo negro.

Retrospectiva

• Expresiones para indicar el tiempo con referencia en el presente

Vamos a revisar las expresiones que representan el tiempo basado en el presente. Tenga en cuenta que el número de días, semanas y años se lee como un carácter chino (일, 이, 삼) y el número de meses se lee como un carácter coreano (하나, 둘, 셋).

그저께 anteayer	어제 ayer	현재 오늘 hoy	내일 mañana	모레 pasado mañana
지지난 주 hace dos semanas	지난주 la semana pasada	이번주 esta semana	다음 주 la próxima semana	다다음 주 dos semanas después
지지난 달 hace dos meses	지난달 el mes pasado	이번달 este mes	다음 달 el próximo mes	다다음 달 dos meses después
재작년 hace dos años	작년 el año pasado	올해 este año	내년 el próximo año	후년 dos años después

Enfoque Gramatical

Tabla gramatical **p.269**

–고 싶다 Quiero ...

–고 싶다 se usa junto a un verbo para expresar el deseo del hablante. Ya sea que la raíz de un verbo termine con una vocal o consonante, se conjuga con –고 싶다 después de la raíz. El sujeto de una oración que use –고 싶다 en la primera persona tiene que ser escrito. Si se usa en segunda persona, tiene que ser usado en una pregunta. En el estilo coloquial en coreano, el sujeto normalmente se elimina, entonces, en una oración que use –고 싶다 se sobreentiende la primera persona si no está escrito el sujeto.

하다	한국어를 잘하고 싶어요.	Quiero hablar bien el idioma coreano.
마시다	커피를 마시고 싶어요.	Quiero tomar un café.
먹다	한국 음식을 먹고 싶어요.	Quiero comer comida coreana.
보다	재미있는 한국 영화를 보고 싶어요.	Quiero ver películas coreanas divertidas.
살다	A 어디에서 살고 싶어요?	¿Dónde quieres vivir?
	B 서울에서 살고 싶어요.	Quiero vivir en Seúl.

Para expresar los deseos pasados del hablante, el tiempo pasado –았/었– se añade a 싶다 para usarse como –고 싶었다.

| 받다 | 생일 때 선물로 화장품을 받고 싶었어요. |

Quería recibir cosméticos como regalo de cumpleaños.

지난달에 제주도에 여행 가고 싶었어요. 그런데 시간이 없었어요.

Quería hacer un viaje a la isla de Jeju el mes pasado. Pero no tuve tiempo.

> (!) **¡Cuidado!**
> Cuando escriba en tercera persona, no se puede usar –고 싶다, sino que se utiliza –고 싶어 하다.
> (Ej.) 마크 씨가 한국어를 잘하고 싶어요. (X)
> 마크 씨가 한국어를 잘하고 싶어 해요. (O) Mark quiere hablar bien el idioma coreano.

Autoevaluación

1~3 Observe cada imagen y complete las oraciones con la forma –고 싶다.

Ej. 좀 추워요. 커피를 <u>마시고 싶어요</u>.

1. 배가 고파요.
샌드위치를 _____.

2. 다음 주에 휴가가 시작해요.
휴가 때 제주도에 _____.

3. 이번 주말에 시간이 있어요.
친구하고 영화를 _____.

4~8 Conecte cada pregunta con su respuesta correspondiente y complete la respuesta con la forma
–고 싶다.

Ej. 언제 여행 가고 싶어요? •

4. 누구를 만나고 싶어요? •

5. 뭐 먹고 싶어요? •

6. 무슨 운동을 배우고 싶어요? •

7. 어디에서 일하고 싶어요? •

8. 누구하고 영화를 보고 싶어요? •

• ㉠ 불고기를 _____.

• ㉡ 친구하고 영화를 _____.

• ㉢ 부모님을 _____.

• ㉣ 은행에서 _____.

• ㉤ 여름에 <u>여행 가고 싶어요</u>.

• ㉥ 태권도를 _____.

Respuestas p.277

Ensayo de gramática

pista 068

-고 싶은데요 Hablando del propósito de su visita

비자를 바꾸고 싶은데요.　　　Quiero cambiar mi visa.

비자를 연장하고 싶은데요.　　Quiero extender mi visa.

외국인 등록증을 신청하고 싶은데요.　Quiero obtener una tarjeta de registro de extranjero.

비자를 신청하고 싶은데요.　　Me gustaría solicitar una visa.

-고 싶어요 Preguntando sobre el propósito de su visita

무엇을 도와드릴까요?　　　　¿Cómo puedo ayudarle?

➡ 예약하고 싶어요.　　　　➡ Quiero hacer una reservación.

➡ 예약을 취소하고 싶어요.　　➡ Quiero cancelar mi reservación.

➡ 예약을 목요일로 바꾸고 싶어요.　➡ Quiero cambiar mi reservación al jueves.

➡ 예약을 다음 주로 연기하고 싶어요.　➡ Quiero posponer mi reservación para la semana que viene.

Vocabulario adicional

• **Vocabulario relacionado con documentos personales**

성 apellido

이름 nombre

성별 género

생년월일 fecha de nacimiento

주소 dirección

국적 nacionalidad

Ensayo de conversación

pista 069

(Sustantivo) 주세요 Pidiendo algo

여권 주세요.	Pasaporte, por favor.
신분증 주세요.	Identificación, por favor.
사진 주세요.	Foto, por favor.
증명서 주세요.	Certificado, por favor.

-(으)러 왔어요 Describiendo el propósito específico de su visita

왜 한국에 오셨어요?

➡ 일하러 왔어요.

➡ 여행하러 왔어요.

➡ 가족을 만나러 왔어요.

➡ 한국어를 공부하러 왔어요.

¿Por qué vino a Corea?

➡ Vine a trabajar.

➡ Vine a viajar.

➡ Vine a visitar a mi familia.

➡ Vine a estudiar idioma coreano.

Consejos de pronunciación

등록증 [등녹쯩]

pista 070

Cuando la consonante final ㅇ o ㅁ es seguida de una consonante inicial ㄹ en la sílaba siguiente, esta ㄹ se pronuncia como [ㄴ]. En el ejemplo de arriba, porque la consonante final ㅇ en 등 es seguida de la consonante inicial ㄹ en 록, esta ㄹ se pronuncia como [ㄴ]. Entonces, 등록 se pronuncia como [등녹]. Además, las consonantes iniciales ㄱ, ㄷ, ㅂ, ㅅ, ㅈ que siguen a las consonantes finales [ㄱ, ㄷ, ㅂ] se pronuncian como [ㄲ, ㄸ, ㅃ, ㅆ, ㅉ] respectivamente. Por tanto 등록증 se pronuncia como [등녹쯩].

☕ Pausa para el café

Vocabulario útil para conocer antes de visitar la oficina de inmigración

No es fácil para un extranjero que no está familiarizado con la conversación en coreano solicitar documentos solo en la oficina de inmigración. Sin embargo, si no hay coreanos a quienes pedir ayuda, también es una buena idea preparar el vocabulario que corresponda al propósito de su visita. Prepare términos como 신청 (solicitud), 연장 (extensión), 변경 (cambio) para una visa o 신청 (solicitud) para una tarjeta de registro de extranjero, así como 재발급 (reemisión).

Supersticiones en la vida coreana

En los edificios coreanos antiguos, puede ver que el ascensor tiene una F en lugar del cuarto piso. En algunos casos, los edificios que se construyeron en el pasado no tienen la habitación 404, y el 405 a veces va después del 403. Esto se debe a que la pronunciación de los coreanos que leen el número 4 es la misma que la del carácter chino 死(사), que significa "muerte". En estos días, el cuarto piso y el 404 están marcados en los edificios independientemente de esta superstición, pero los coreanos tradicionalmente lo han evitado porque todavía consideran el 4 como una imagen relacionada con la muerte.

Del mismo modo, lo que evitan los coreanos es escribir sus nombres en color rojo. A veces, los extranjeros escriben su propio nombre o el de otra persona con un bolígrafo rojo, en ese momento la mayoría de los coreanos se sorprenden y recomiendan escribir su nombre en un color diferente. En Corea, los nombres se escriben en rojo solo para las personas fallecidas. En otras palabras, es de mala educación escribir en rojo los nombres de las personas que todavía están vivas.

Cuando coma, no ponga la cuchara ni los palillos sobre el arroz. Esto se debe a que poner una cuchara o palillos en el arroz es similar al acto de preparar comida para un antepasado fallecido y servirla a su espíritu. Si tiene la oportunidad de comer con coreanos, puede confirmar que los coreanos nunca le ponen cucharas y palillos al arroz.

Si alguna vez tiene la oportunidad de aprender la costumbre tradicional coreana para tratar a otras personas, 절, recuerde que la cantidad de veces que se hace una reverencia es importante. Incluso ahora, los coreanos se inclinan cuando intentan transmitir el sentimiento de saludo con todo su corazón. Por ejemplo, cuando un hombre acude a los padres de la novia para solicitar su permiso para casarse, por lo general los saludan con cortesía inclinándose como en un templo. Sin embargo, debe inclinarse una sola vez ante las personas. Esto se debe a que los coreanos solo se inclinan dos veces ante los muertos. Entonces, cuando los coreanos se inclinan dos veces, están limitados a hacerlo con cortesía al difunto en el funeral, o para los ritos funerarios.

Otro comportamiento que a los coreanos no les gusta es sentarse en una silla y sacudir las piernas. Desde la antigüedad, los adultos coreanos han advertido a los niños con piernas temblorosas, diciendo: "Si sacudes las piernas, las bendiciones huirán". Si conoce a un coreano de edad avanzada, es bueno tener cuidado con no sacudir las piernas. Si es invitado a una casa coreana, Tenga cuidado de no pisar el umbral de la habitación. Los coreanos piensan que pisar el umbral les traerá mala suerte. Además, en Corea todavía es tabú cortarse las uñas o silbar por la noche, y orientar la cabeza hacia el norte cuando duerme.

En una agencia inmobiliaria

Buscando una casa

지금 이 집을 볼 수 있어요?

¿Puedo ver esta casa ahora?

Mark

Agente de bienes raíces

Conversación

pista 071

마크	부동산 앱에서 집을 봤어요.
중개인	그래요? 저한테 보여 주세요.
마크	(señalando en el teléfono celular) 이 집이에요. 지금 이 집을 볼 수 있어요?
중개인	네, 볼 수 있어요.
마크	언제 이사할 수 있어요?
중개인	계약하면 바로 이사할 수 있어요.
마크	그럼, 지금 집을 보고 싶어요.
중개인	알겠어요. 지금 갑시다.

Mark	Vi una casa en la aplicación de bienes raíces.
Agente	¿Es así? Muéstremela, por favor
Mark	(señalando en el teléfono celular) Ésta es la casa. ¿Puedo ver esta casa ahora?
Agente	Sí, puede verla
Mark	¿Cuándo puedo mudarme?
Agente	Si firma un contrato, puede mudarse de inmediato.
Mark	Entonces, quiero ver la casa ahora.
Agente	Entendido. Vamos ahora.

부동산 agencia de bienes raíces

앱 aplicación

집 casa

보다 ver

저 ese, esa

한테 a (indicando objetivo o afiliación ej.: a mí, a él)

보여 주다 mostrar

지금 ahora

이사하다 mudarse (cambiar de casa)

계약하다 firmar un contrato

바로 inmediatamente

그럼 entonces

그래요? ¿Es así?, ¿De acuerdo?

저한테 보여주세요.
Muéstremela, por favor.

이 집이에요. Ésta es la casa.

지금 집을 보고 싶어요.
Quiero ver la casa ahora.

지금 갑시다. Vamos ahora.

❶ La partícula 한테

(para referirse a un objetivo o afiliación)

La partícula 한테 se utiliza con verbos como 주다 (dar) o 보내다 (enviar) para indicar el objetivo hacia quien se da o se envía algo. 한테 se combina igualmente con sustantivos que terminan en vocal o consonante. 한테 tiene el mismo significado que la partícula 에게; sin embargo, 한테 se utiliza en conversaciones casuales o informales, y 에게 se utiliza en forma escrita, o en conversaciones formales.

(Ej.) 제가 친구한테 문자를 보내요.
Envío un mensaje a mi amigo. (= 친구에게)

(Ej.) 어머니가 이웃한테 도움을 주고 있어요.
Mi madre está ayudando a un vecino. (= 이웃에게)

❷ –(으)ㅂ시다

(para expresar que se va a hacer)

–(으)ㅂ시다 es un patrón que se utiliza en lenguaje formal. Usualmente se utiliza cuando se habla acerca de algo, y finalmente se llega a la conclusión de cómo hacerlo. Es bueno utilizarlo al final de la conversación, ya que usarlo al principio puede dar la impresión de ser muy exigente. –(으)ㅂ시다 se combina con la raíz de un verbo. Cuando la raíz termina en vocal, se agrega –ㅂ시다, mientras que si termina en consonante, se agrega –읍시다.

(Ej.) 밥 먹으러 갑시다. Vamos a comer.

Retrospectiva

• Nombres de las habitaciones en una casa coreana

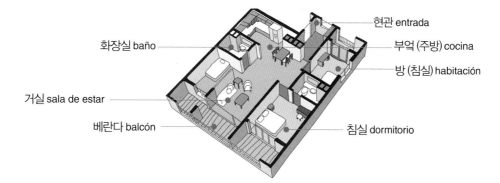

화장실 baño

현관 entrada

부엌 (주방) cocina

방 (침실) habitación

거실 sala de estar

베란다 balcón

침실 dormitorio

Enfoque Gramatical

Tabla gramatical **p.270**

–(으)ㄹ 수 있다 Puedo...

–(으)ㄹ 수 있다 se utiliza para indicar la capacidad de realizar una acción o para indicar la posibilidad de una situación o estado. –(으)ㄹ 수 있다 se puede utilizar con verbos y adjetivos. Cuando la raíz de un verbo o adjetivo termina con una vocal, se añade –ㄹ 수 있다; y si termina en consonante, se añade –을 수 있다.

하다	폴 씨는 중국어를 할 수 있어요.	Paul puede hablar chino.
읽다	저는 한자를 읽을 수 있어요.	Yo puedo leer caracteres chinos.
받다	30분 후에 전화를 받을 수 있어요.	Puedo contestar por teléfono después de 30 minutos.
★만들다	저는 한국 음식을 만들 수 있어요.	Yo puedo preparar comida coreana.
★덥다	오늘 이 옷이 더울 수 있어요.	Hoy esta ropa puede estar caliente.

Por el contrario, si desea indicar la incapacidad de hacer algo o la imposibilidad de una situación, utilice –(으)ㄹ 수 없다.

치다	새라 씨는 피아노를 칠 수 있어요. (= 못 쳐요)　Sara no puede tocar el piano.
먹다	A 유키코 씨는 매운 음식을 먹을 수 있어요? Yukiko, ¿puedes comer comida picante? B 아니요, 저는 매운 음식을 먹을 수 없어요. (= 못 먹어요) No, no puedo comer comida picante
★듣다	시끄러워서 여기에서 음악을 들을 수 없어요. (= 못 들어요) No puedo escuchar música aquí porque hace mucho ruido.

Cuando se desee indicar que una acción era posible o una situación era posible en el pasado, –았/었– se combina con 있다 para formar –(으)ㄹ 수 있었다.

만나다	어제 저는 친구를 만날 수 없었어요. Ayer no pude encontrarme con mi amigo.
타다	전에 커피를 가지고 버스에 탈 수 있었어요. Antes era posible subir al autobús con un café.

Autoevaluación

1~5 Observe cada imagen y elija la respuesta correcta de entre las opciones mostradas.

마크   진수

마크   진수

마크   진수

Ej. 마크는 수영을   ✔ 할 수 있어요.

                   ② 할 수 없어요.

1. 진수는 수영을   ① 할 수 있어요.

                   ② 할 수 없어요.

2. 마크는 생선을   ① 먹을 수 있어요.

                   ② 먹을 수 없어요.

3. 진수는 생선을   ① 먹을 수 있어요.

                   ② 먹을 수 없어요.

4. 마크는 한국 음식을   ① 만들 수 있어요.

                       ② 만들 수 없어요.

5. 진수는 한국 음식을   ① 만들 수 있어요.

                       ② 만들 수 없어요.

6~8 Use –(으)ㄹ 수 있다 o –(으)ㄹ 수 없다 para completar la conversación.

Ej. A 영어를 할 수 있어요?

     B 네, **할 수 있어요**.

7. A 이번 주말에 만날 수 있어요?

     B 네, _____.

6. A 한자를 읽을 수 있어요?

     B 아니요, _____.

8. A 혼자 한복을 입을 수 있어요?

     B 아니요, _____.

Respuestas **p.277**

Ensayo de gramática

pista 072

지금 –(으)ㄹ 수 있어요?
Preguntando si hacer algo es posible

지금 만날 수 있어요?   ¿Podemos encontrarnos ahora?

지금 얘기할 수 있어요?   ¿Puede hablar ahora?

지금 출발할 수 있어요?   ¿Puede empezar ahora?

지금 계약할 수 있어요?   ¿Puede firmar un contrato ahora?

–(으)면 바로 –(으)ㄹ 수 있어요
Hablar la posibilidad de algo

준비되면 바로 출발할 수 있어요.   Si está listo, puede comenzar de inmediato.

전화하면 바로 예약할 수 있어요.   Si llama por teléfono, puede reservar de inmediato.

신청하면 바로 시작할 수 있어요.   Si presenta la solicitud, puede comenzar de inmediato.

문제가 생기면 바로 취소할 수 있어요.   Si algo sale mal, puede cancelar de inmediato.

Vocabulario adicional

• **Vocabulario relacionado con el hogar**

보증금   depósito

월세   pago mensual

관리비   gastos administrativos

계약금   pago inicial

중개인   agente

집주인   dueño de casa

Ensayo de conversación

pista 073

(Descripción de la casa) 집을 찾고 있어요 · Describiendo específicamente la casa que se está buscando

어떤 집을 찾고 있어요? · ¿Qué tipo de casa está buscando?

➡ 새 집을 찾고 있어요. · ➡ Estoy buscando una casa nueva.

➡ 싼 집을 찾고 있어요. · ➡ Estoy buscando una casa barata.

➡ 조용한 집을 찾고 있어요. · ➡ Estoy buscando una casa tranquila.

➡ 지하철역 근처 집을 찾고 있어요. · ➡ Estoy buscando una casa cerca de una estación del metro.

–(으)면 좋겠어요 · Diciendo el precio que quiere

한 달에 50만 원 정도면 좋겠어요. · Si fuesen 500,000 wones al mes estaría bien.

한 달에 60만 원 정도면 좋겠어요. · Si fuesen 600,000 wones al mes estaría bien.

보증금 1,000만 원에 월세 50만 원 정도면 좋겠어요. · Un depósito de 10 millones de wones y una renta mensual de 500,000 wones estaría bien.

보증금 없고 월세 60만 원 정도면 좋겠어요. · Si no hay depósito y una renta de 600,000 wones al mes estaría bien.

Consejos de pronunciación

pista 074

볼 수 있어요 [볼 쑤 이써요]

Después de usar la partícula –(으)ㄹ para modificar el sustantivo posterior, las consonantes iniciales ㄱ, ㄷ, ㅂ, ㅅ, ㅈ se pronuncian como [ㄲ, ㄸ, ㅃ, ㅆ, ㅉ]. En el ejemplo anterior, ㅅ en 수, que está conectado después de 볼, se pronuncia como [ㅆ]. Por lo tanto, 볼 수 se pronuncia como [볼 쑤]. Además, en el ejemplo anterior, ㅆ se pronuncia moviéndose junto a la siguiente vocal ㅓ, por tanto 볼 수 있어요 se pronuncia como [볼 쑤 이써요].

Pausa para el café

Formas de pagar la renta en Corea: 월세, 전세, 연세

Al alquilar una casa en Corea, además del alquiler mensual, existe un sistema único en Corea llamado 전세. En el caso de 전세, usted paga un depósito de entre el 50 y 70% del precio de la casa, sin necesidad de pagar el alquiler mensual hasta cumplir el plazo del contrato. A la hora de buscar casa, puede conseguir un 전세 o un alquiler mensual (월세) según sus circunstancias. Además, en islas como Jeju, hay casos en los que la renta anual se calcula sumando la renta mensual de todo un año.

Cultura de apartamentos en Corea

A Corea se le llama 아파트 공화국 (la república de los apartamentos), por lo que se puede decir que la forma representativa de vivienda en Corea es el apartamento. En particular, en áreas urbanas con alta densidad de población como Seúl, se puede decir que los apartamentos son una forma eficiente de vivienda. Sin embargo, es un error pensar que los apartamentos son la forma más común en que las personas viven. Los apartamentos en Seúl son la cultura residencial representativa de la clase media, e incluso si va a los barrios ricos de Seúl, hay muchos apartamentos que cuentan con precios altos.

¿Por qué a los coreanos les gustan los apartamentos? En primer lugar, los apartamentos tienen la ventaja de ser fáciles de gestionar. Dado que el apartamento tiene una oficina de administración, la oficina de administración se encarga de administrar el parque y el área de juegos dentro del apartamento, así como también de administrar la separación de basura. Además, la oficina de administración media y maneja varios conflictos como problemas de estacionamiento y ruido entre pisos que pueden ocurrir en los edificios de apartamentos.

No solo eso, los apartamentos también son eficaces en la prevención del delito. La cantidad de cámaras de CCTV instaladas en el apartamento es grande, por lo que puede considerarse un buen método. Pero, sobre todo, el apartamento es anónimo, por lo que, desde el exterior, todas las casas del apartamento tienen el mismo aspecto. No importa cuán lujoso sea el interior del apartamento, la puerta de entrada y la ventana del apartamento vistas desde el exterior son iguales, por lo que cualquier casa es igual. Encaja bien con las características de los coreanos que prefieren ser invisibles dentro del grupo.

Además, los coreanos prefieren los apartamentos porque vivir en un apartamento es conveniente y pueden esperar un aumento en los precios inmobiliarios. Dado que mucha gente quiere este tipo de vivienda, los apartamentos tienen mejor valor de reventa que las viviendas unifamiliares. Al observar la tendencia de los precios inmobiliarios en Corea, se puede decir que el simple hecho de utilizar la tendencia de los precios de los apartamentos como indicador revela que los apartamentos son una forma representativa de vivienda en Corea.

En una tienda de teléfonos móviles

Solicitando un teléfono móviles

얼마 동안 돈을 내야 돼요?

¿Por cuánto tiempo tengo que pagar?

Mark

Vendedora en la tienda de teléfonos

Conversación

pista 075

직원	어서 오세요.
마크	핸드폰을 보고 싶어요.
직원	여기 핸드폰이 많이 있어요. 천천히 보세요.
마크	이거 얼마예요?
직원	잠시만요, 핸드폰 가격하고 요금이 한 달에 6만 원이에요.
마크	얼마 동안 돈을 내야 돼요?
직원	2년 동안 돈을 내야 돼요.
마크	그래요? 이거 좀 볼 수 있어요?
직원	그럼요.

Vendedora	Bienvenido.
Mark	Quiero ver un teléfono.
Vendedora	Aquí hay muchos teléfonos celulares. Tómese su tiempo (lit. Mire despacio).
Mark	¿Cuánto cuesta éste?
Vendedora	Un momento, el precio del teléfono y el servicio celular son 60,000 wones al mes.
Mark	¿Por cuánto tiempo tengo que pagar?
Vendedora	Tiene que pagar por 2 años.
Mark	¿Sí? ¿Puedo ver éste?
Vendedora	Por supuesto.

▶ Nuevo vocabulario

핸드폰 teléfono

많이 muchos

천천히 despacio

이거 éste

얼마 ¿cuánto cuesta?

가격 precio

요금 cuota

달 mes

얼마 동안 cuánto tiempo

돈 dinero

돈을 내다 pagar dinero

년 año

▶ Nuevas expresiones

어서 오세요. Bienvenido.

천천히 보세요. Tómese su tiempo.

이거 얼마예요? ¿Cuánto cuesta éste?

잠시만요. Un momento.

한 달에 6만 원이에요.
Son 60,000 wones al mes.

이거 좀 볼 수 있어요?
¿Puedo ver éste?

그럼요. Por supuesto.

▶ Acercamiento

① 이거
(para definir un sujeto o un objeto)

이거 se usa en términos coloquiales con el mismo significado que 이것. En términos coloquiales, las partículas 이/가 o 을/를 a menudo se omiten, por lo que 이거 se usa como sujeto o como objeto en una oración. En éste conversación, el primer 이거 se usa como sujeto con el mismo significado de 이것이; mientras que en el segundo caso, 이거 se usa como objeto con el mismo significado de 이것을.

Ej.) 이거 맛있어요. (= 이것이)
Esto está delicioso.

Ej.) 어제 저는 이거 샀어요. (= 이것을)
Ayer compré esto.

② La partícula 에
(para indicar un rango limitado)

Además de servir para indicar un lugar, 에 también se utiliza para indicar un rango limitado. En éste, 한 달에 expresa el periodo limitado de un mes. Sin embargo, tenga en cuenta que, a diferencia del inglés, en coreano primero se escribe el rango, seguido de su precio o frecuencia correspondiente.

Ej.) 하루에 2번 커피를 마셔요.
Bebo café 2 veces al día.

Ej.) 사과 8개에 만 원이에요.
8 manzanas cuestan 10,000 wones.

Retrospectiva

• Leyendo un precio

Al leer un precio en coreano, se usan caracteres chinos.

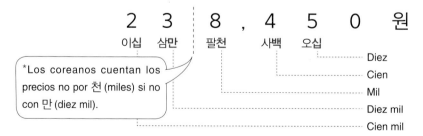

```
2 3    8 , 4 5 0    원
이십 삼만  팔천  사백 오십
```

*Los coreanos cuentan los precios no por 천 (miles) si no con 만 (diez mil).

Diez
Cien
Mil
Diez mil
Cien mil

Sin embargo, si el precio comienza con 1, el primer dígito se lee sin el número 일, y directamente con el contador.

Ej.) 160원 백육십원(일백 육십 원 X)   15,000원 만오천원(일만 오천 원 X)

1,800원 천팔백원(일천 팔백 원 X)   ▶ **Excepción** 100,000,000원 일억원(억 원X)

Enfoque Gramatical

Tabla gramatical **p.270**

–아/어야 되다 Debería…

–아/어야 되다 se utiliza cuando existe una obligación o necesidad de realizar una acción, o cuando existe la necesidad de estar en determinado estado. –아/어야 되다 se combina con verbos y adjetivos. Los verbos de tipo 하다 (por ejemplo: 일하다 (trabajar), 공부하다 (estudiar), etc.) o los adjetivos de tipo 하다 (por ejemplo: 유명하다 (famoso), 피곤하다 (cansado), etc.) se usan como de la forma 해야 되다. Cuando la raíz termina con la vocal ㅏ, ㅗ la raíz se usa con –아야 되다, y el resto se usa con –어야 되다. –아/어야 되다 y –아/어야 하다 pueden utilizarse indistintamente.

공부하다	학생이 열심히 공부해야 돼요.	El estudiante debe estudiar mucho.
친절하다	직원이 손님에게 친절해야 돼요.	El personal debe ser amable con los clientes.
기다리다	얼마나 기다려야 돼요?	¿Cuánto tiempo tengo que esperar?
오다	직원은 10시까지 와야 돼요.	El personal debe llegar a las 10 en punto.
먹다	아이들은 과일을 많이 먹어야 돼요.	Los niños deben comer mucha fruta.
좋다	이번 일요일에 날씨가 좋아야 돼요.	El clima debería ser bueno este domingo.
★크다	농구 선수가 되려면 키가 커야 돼요.	Debe ser alto para jugar baloncesto.
★부르다	한 사람씩 노래를 불러야 돼요.	Tienen que cantar uno por uno.

Dado que 되다 en –아/어야 되다 tiene un tono pasivo, se puede usar con más fluidez que –아/어야 하다. –아/어야 되다 se usa principalmente en estilo informal o coloquial, mientras que –아/어야 하다 se usa en lenguaje formal o escrito.

마시다	물을 많이 마셔야 돼요.	Tiene que beber mucha agua.
하다	운전할 때에는 운전에 집중해야 합니다.	Al conducir, debe concentrarse en conducir.

(!) ¡Cuidado!

Cuando no hay necesidad de hacer algo, –지 않아도 되다 se combina en la raíz de un verbo o un adjetivo.

(Ej.) 여러 가지 신경 쓰지 않아도 돼요.
No tiene que preocuparse por las cosas.

(Ej.) 배부르면 끝까지 다 먹지 않아도 돼요.
Si está lleno, no tiene que comerlo todo.

Autoevaluación

1~4 Elija la opción correcta para completar las oraciones.

Ej. 많이 아파요. 그러면 ① 공원에 가야 돼요.

                             ✔ 병원에 가야 돼요.

1. 배가 고파요. 그러면 ① 음식을 먹어야 돼요.

                              ② 음식을 안 먹어야 돼요.

2. 한국어를 잘하고 싶어요. 그러면 ① 한국어를 공부해야 돼요.

                                    ② 일본어를 공부해야 돼요.

3. 영화관에서 영화를 보고 싶어요. 그러면 ① 돈을 사야 돼요.

                                    ② 표를 사야 돼요.

4. 아이들이 자요. 그러면 ① 조용해야 돼요.

                              ② 시끄러워야 돼요.

5~7 A continuación hay algunas frases que una mujer aconseja a un hombre para mantenerse sano. Use −아/어야 되다 con los verbos mostrados para completar las siguientes oraciones.

몸이 안 좋아요.
어떻게 해야
해요?

Ej. 먼저, 매일 30분씩 <u>**운동해야 돼요**</u> .
                                (운동하다)

5. 그리고 채소를 많이 _____ .
                                (먹다)

6. 또 물을 많이 _____ .
                           (마시다)

7. 마지막으로, 스트레스가 _____ .
                              (없다)

Respuestas **p.277**

Ensayo de gramática

얼마 동안 –아/어야 돼요? Solicitando el tiempo requerido

얼마 동안 기다려야 돼요?	¿Por cuánto tiempo tengo que esperar?
얼마 동안 돈을 내야 돼요?	¿Por cuánto tiempo tengo que pagar?
얼마 동안 병원에 다녀야 돼요?	¿Por cuánto tiempo tengo que ir al hospital?
얼마 동안 아르바이트해야 돼요?	¿Por cuánto tiempo tengo que trabajar a media jornada?

(tiempo) 까지 –아/어야 해요 Estableciendo condiciones

오늘까지 신청해야 돼요.	Tiene que presentar su solicitud hoy.
내일까지 가입해야 돼요.	Tiene que registrarse mañana.
다음 주까지 준비해야 돼요.	Tiene que prepararse para la semana que viene.
이번 달까지 기다려야 돼요.	Tiene que esperar hasta este mes.

Vocabulario adicional

• **Vocabulario relacionado al teléfono**
전원을 켜다 encender
전원을 끄다 apagar
충전하다 recarga
비밀번호 contraseña
문자 메시지 mensaje de texto
음성 메시지 mensaje de voz

비밀번호

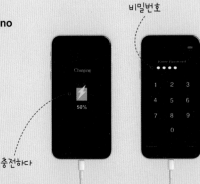

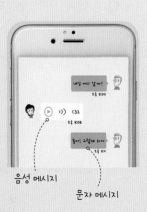

충전하다

음성 메시지

문자 메시지

Ensayo de conversación

pista 077

–아/어 봐도 돼요? — Pidiendo permiso

이거 만져 봐도 돼요?	¿Puedo tocar esto?
이거 먹어 봐도 돼요?	¿Puedo comer esto?
이거 입어 봐도 돼요?	¿Puedo ponerme esto?
이거 신어 봐도 돼요?	¿Puedo probarme esto?

요즘 –(으)ㄴ/는 게 뭐예요? — Preguntando a un empleado

요즘 인기가 많은 게 뭐예요?	¿Qué es popular estos días?
요즘 평이 좋은 게 뭐예요?	¿Qué tiene mejores reseñas estos días?
요즘 많이 팔리는 게 뭐예요?	¿Qué se vende mucho estos días?
요즘 많이 세일하는 게 뭐예요?	¿Qué hay de oferta estos días?

Consejos de pronunciación

육만 원 [융마 눤]

pista 078

Cuando el primer sonido de la sílaba que va después de las consonantes finales [ㄱ, ㄷ, ㅂ] es ㄴ, ㅁ, la terminación [ㄱ] cambia a [ㅇ], la terminación [ㄷ] cambia a [ㄴ], y la terminación [ㅂ] cambia a [ㅁ]. En el ejemplo anterior, la consonante final [ㄱ] de 육 se pronuncia como [ㅇ], debido a que la siguiente sílaba 만 empieza por ㅁ. Además, la consonante final ㄴ de 만 está seguida por 원, por lo que ésta se mueve junto a la vocal, y se pronuncia [마 눤]. Por tanto 육만 원 se pronuncia [융마 눤].

Pausa para el Café

Otra forma de leer números de teléfono

Al leer un número de teléfono, se usan caracteres chinos, e incluso los coreanos a menudo confunden los sonidos similares de 1(일) y 2(이). Entonces, al leer el número 1, hay casos en los que se lee deliberadamente como 하나 para separar la pronunciación del número 2(이). Por ejemplo, si se lee el número 3123, se debería pronunciar 삼-하나-이-삼. Cuando hay muchos ceros, como en 5000 o 7000, para evitar pronunciar seguido el mismo sonido 0(공), se puede leer 오천 번 o 칠천 번 respectivamente.

Personajes en los billetes coreanos

La unidad de dinero coreano es el 원 (won). El diseño de los billetes coreanos actuales mil wones, cinco mil wones y diez mil wones se ha fijado desde la década de 1980, y se agregó el billete de 50,000 cincuenta mil wones en la década del 2000. Lo peculiar es que las cuatro figuras del papel moneda coreano son de la dinastía Joseon.

Primero, la persona grabada en el billete de mil wones es 퇴계 이황 (Toegye Yi Hwang) (1501–1570), un erudito confucionista representativo durante la mitad de la Dinastía Joseon. Junto a Toegye Yi Hwang está con la flor de ciruelo que le gustaba (una flor que simboliza la sabiduría del erudito) y el 성균관 명륜당 (Sungkyunkwan Myeongryundang, una escuela de estudiantes internacionales) donde estudió y entrenó a futuros eruditos. Esta es una pista que muestra lo importante que para Toegye Yi Hwang, el maestro del confucianismo, era dedicarse al aprendizaje.

A continuación, la figura grabada en el billete de cinco mil wones es 율곡 이이 (Yulgok Yi I) (1536–1584), un erudito confucionista representativo de mediados de la dinastía Joseon. Yulgok Yi I, junto con Toegye Yi Hwang, son considerados los mejores eruditos del confucionismo durante la dinastía Joseon. Sin embargo, a diferencia de Toegye Yi Hwang, Yulgok Yi I tuvo como objetivo la reforma social para vivir correctamente y enfatiza la práctica del aprendizaje. En el billete, junto a Yulgok Yi I, está representado Oh Juk–heon, donde nació.

La figura grabada en el billete de diez mil wones es 세종대왕 이도 (Sejong el Grande I Do) (1397–1450), el cuarto rey de Joseon. El rey Sejong es más conocido por haber creado y distribuido el hangul (el alfabeto coreano). 용비어천가 (Yongbieocheonga, el primer libro escrito en coreano) e 일월오봉도 (Ilwol Obongdo, un símbolo del rey) están dibujados en el billete junto a Sejong. El rey Sejong, quien deseaba que la gente pudiera vivir cómoda y abundantemente, alcanzó logros científicos como relojes e instrumentos de observación astronómica, así como el hangul.

Por último, la figura grabada en el billete de cincuenta mil wones es 신사임당 (Shin Saimdang) (1504–1551)", una artista femenina de la dinastía Joseon. Ella es la única mujer grabada en los billetes coreanos y también la madre de Yulgok Yi I. Shin Saimdang es una figura que floreció en el arte mientras realizaba estudios académicos en la dinastía Joseon, cuando se excluía el papel social de la mujer. En el billete, junto a Shin Saimdang, se muestran sus obras representativas, Mukpododo (un dibujo de uvas) y un dibujo de Chochungsoobyeong.

En un restaurante

Pidiendo comida

제가 매운 음식을 못 먹어요

No puedo comer comida picante

Mark

Personal del restaurante

Conversación

pista 079

직원	어서 오세요. 여기 앉으세요.
마크	영어 메뉴 있어요?
직원	죄송합니다. 영어 메뉴가 없어요.
마크	제가 매운 음식을 못 먹어요. 안 매운 음식이 있어요?
직원	*(Señalando al menú)* 이 음식이 안 매워요.
마크	이거 뭘로 만들어요?
직원	돼지고기하고 두부로 만들어요.
마크	그럼, 이거 하나 주세요.

Empleada	Bienvenido. Por favor, siéntese aquí.
Mark	¿Tiene un menú en inglés?
Empleada	Lo siento. No hay un menú en inglés.
Mark	No puedo comer comida picante. ¿Tiene comida que no sea picante?
Empleada	*(Señalando al menú)* Esta comida no es picante.
Mark	¿De qué está hecho esto?
Empleada	Está hecho carne de y tofu.
Mark	Entonces, quisiera uno de esto.

▶ Nuevo vocabulario

앉다 sentar

영어 idioma inglés

메뉴 menú

제가 yo

맵다 picante

음식 comida

못 no se puede

안 no (para usar con verbos)

뭘로 con qué

만들다 hacer, preparar

돼지고기 carne de cerdo

두부 tofu, cuajada de soja

▶ Nuevas expresiones

여기 앉으세요. Por favor, siéntese aquí.

죄송합니다. Lo siento.

안 매운 음식이 있어요?
¿Tiene comida que no sea picante?

이거 뭘로 만들어요?
¿De qué está hecho esto?

이거 하나 주세요.
Deme uno de esto, por favor.

▶ Acercamiento

❶ 안 y 못
(para expresar negación)

안 indica negación y 못 indica imposibilidad. Los lugares donde se utilizan 안 y 못 son los mismos. 안 se usa antes de un verbo a un adjetivo para indicar su forma negativa, y 못 se utiliza antes de un verbo para indicar que algo no se puede hacer. Sin embargo en los verbos y adjetivos de tipo 하다, las partículas 안 y 못 se usan entre el sustantivo y 하다.

(Ej.) 저는 게임 안 해요.
Yo no juego.

(Ej.) 요즘 잘 못 자요.
Estos días no puedo dormir bien.

❷ La partícula (으)로
(para representar el material del que está hecho algo)

La partícula (으)로 también se usa cuando se hace referencia a materiales. (으)로 se usa después de un sustantivo para indicar de que está hecho algo. Cuando el sustantivo acaba en vocal o en consonante ㄹ, se añade 로, de lo contrario se añade 으로.

(Ej.) 이 음식은 김치로 만들었어요.
Esta comida está hecha con kimchi.

(Ej.) 이 찌개는 생선으로 만들었어요.
Este estofado está hecho de pescado.

Retrospectiva

• Adjetivos para describir el sabor

맵다	"매워요."	매운 음식
picante	"está picante"	comida picante
달다	"달아요."	단 음식
dulce	"está dulce"	comida dulce
짜다	"짜요."	짠 음식
salado	"está salado"	comida salada
싱겁다	"싱거워요."	싱거운 음식
insípido	"está insípido"	comida insípida
기름기가 많다	"기름기가 많아요."	기름기가 많은 음식
grasoso	"está grasoso"	comida grasoso

Enfoque Gramatical

Tabla gramatical **p.270**

−(으)ㄴ   terminación

La terminación −(으)ㄴ se coloca antes de un sustantivo para modificarlo. −(으)ㄴ se combina con la raíz de un adjetivo. Cuando la raíz del adjetivo termina en vocal, se usa −ㄴ; mientras que si termina en consonante se combina con −은. Por ejemplo, para expresar que una bolsa es 크다 (grande), agregue la terminación −ㄴ a la raíz 크 para dar como resultado 큰 가방 (bolsa grande); y para expresar que es 작다 (pequeña), agregue −은 a la raíz 작, para dar como resultado 작은 가방 (bolsa pequeña). Cuando el adjetivo tiene la forma OO있다/없다 (ej.: 맛있다 (delicioso), 재미없다 (no es divertido), la terminación −는 se coloca en la raíz de 있다/없다 (ej.: 맛있는, 재미없는).

크다 → 크+−는	큰 가방이 비싸요.	La bolsa grande es cara.
작다 → 작+−은	어제 작은 우산을 샀어요.	Ayer compré un paraguas pequeño.
맛있다 → 맛있+−는	맛있는 음식을 먹고 싶어요.	Quiero comer comida deliciosa.

Cuando la raíz de un adjetivo termina con ㄹ, como en 길다 (largo), 멀다 (lejos), se elimina la consonante final ㄹ y se la reemplaza con la terminación −ㄴ para dar como resultado 긴, 먼.

| ★ 길다 → 기+ㄹ+−ㄴ | 긴 머리가 불편해요. | El cabello largo es incómodo. |

Cuando la raíz del adjetivo termina con la consonante ㅂ, como en 맵다(picante), 춥다 (frío), se elimina la consonante final ㅂ y se añade la partícula −운, para dar como resultado 매운, 추운.

| ★ 맵다 → 매+우+−ㄴ | 매운 음식을 잘 못 먹어요. | No puedo comer bien comida picante. |
| ★ 춥다 → 추+우+−ㄴ | 추운 날씨 때문에 감기에 걸렸어요. | Me resfrié debido al clima frío. |

Autoevaluación

1~4 Observe cada imagen y elija la oración correcta de las opciones mostradas.

1.

① 큰 가방   ② 작은 가방

2.

① 긴 머리   ② 짧은 머리

3.

① 맛있는 음식 ② 맛없는 음식

4.

① 더운 날씨   ② 추운 날씨

5~7 Use –(으)ㄴ con los adjetivos mostrados para completar las siguientes oraciones.

Ej. A 어떤 음악을 좋아해요?

B **조용한**   음악을 좋아해요.
　　(조용하다)

5. A 왜 옷을 안 사요?

B 지금 돈이 없어서 _____ 옷을 살 수 없어요.
　　　　　　　　　　(비싸다)

6. A 어떤 영화를 보고 싶어요?

B _____ 영화를 보고 싶어요.
　　(재미있다)

7. A 한국 음식이 어때요?

B 맛있어요. 저는 _____ 음식을 좋아해요.
　　　　　　　　　(맵다)

Respuestas **p.277**

Ensayo de gramática

pista 080

–(으)ㄴ 것을 별로 안 좋아해요 Expresando que algo no le gusta

매운 것을 별로 안 좋아해요.	No me gustan las cosas picantes.
뜨거운 것을 별로 안 좋아해요.	No me gustan las cosas calientes.
불편한 것을 별로 안 좋아해요.	No me gustan las cosas incómodas.
시끄러운 것을 별로 안 좋아해요.	No me gustan las cosas ruidosas.

–(으)ㄴ 것 있어요? Preguntando al personal

같은 것 있어요?	¿Tiene algo parecido?
다른 것 있어요?	¿Tiene algo diferente?
안 매운 것 있어요?	¿Tiene algo que no sea picante?
안 비싼 것 있어요?	¿Tiene algo que no sea caro?

Vocabulario adicional

• **Vocabulario relacionado con la mesa**

밥 arroz

국 caldo

찌개 estofado

반찬 guarniciones

숟가락 cuchara

젓가락 palillos

개인 접시 (= 앞접시) plato individual

Ensayo de conversación

pista 081

이 집에서 뭐가 제일 …? Pidiendo algo específico

이 집에서 뭐가 제일 매워요?	¿Qué es lo más caliente en esta casa?
이 집에서 뭐가 제일 비싸요?	¿Qué es lo más caro en esta casa?
이 집에서 뭐가 제일 맛있어요?	¿Qué es la mejor en esta casa?
이 집에서 뭐가 제일 인기가 많아요?	¿Qué es la más popular en esta casa?

(Sustantivo) 빼고 주세요 Pidiendo que algo sea excluido

버섯 빼고 주세요.	Sin hongos, por favor.
오이 빼고 주세요.	Sin pepino, por favor.
양파 빼고 주세요.	Sin cebolla, por favor.
마늘 빼고 주세요.	Sin ajo, por favor.

Consejos de pronunciación

pista 082

못 먹어요 [몬 머거요]

못 se pronuncia como [몯]. Cuando el sonido final [ㄱ, ㄷ, ㅂ] se junta con el primer sonido de la última sílaba ㄴ, ㅁ, se pronuncia [ㅇ, ㄴ, ㅁ] respectivamente. En el ejemplo anterior, la consonante final [ㄷ] de [몯] se pronuncia como [ㄴ] debido a la ㅁ de 먹, y de este modo 못 [몯] se pronuncia como [몬]. Cuando el primer sonido de la sílaba es una vocal, la consonante final ㄱ de 먹 se pasa a la siguiente sílaba, de modo que 못 먹어요 se pronuncia [몬 머거요].

예 못 마셔요 [몬 마셔요] 못 만나요 [몬 만나요]

Pausa para el café
Contando el número de alimentos

Al contar, normalmente se usa el número seguido del indicador de unidad adecuado por ejemplo: 한 개, 두 개. Sin embargo, al contar la cantidad de alimentos en la vida real, se puede omitir el sustantivo indicador de unidad y decir 비빔밥 하나 주세요 solo con el número de alimentos requerido. Por otro lado, al ordenar algo como galbi o bulgogi, en lugar de usar la cantidad de carne, se ordena con el número de personas que van a comer en números de caracteres chinos seguidos de 인분. Por ejemplo, se puede decir 갈비 2인분 주세요.

Cultura gastronómica coreana: separados y juntos

Los coreanos rara vez van a comer solos durante las horas de almuerzo de la escuela o de la empresa. Muchos restaurantes coreanos acogen a grupos de dos a cinco. Puede sentirse incómodo si entra a comer solo a un restaurante coreano. La cultura gastronómica en Corea no se trata solo de comer, sino de socializar y entablar amistades con los demás. Por supuesto, comer en cualquier parte del mundo significa que puedes pasar más tiempo cerca de la otra persona, pero en Corea, la gente construye relaciones comiendo con miembros de la comunidad en cada comida no solo en momentos especiales. Por eso, son muchas las personas que salen a comer cada hora de almuerzo o cenan juntas en comunidades como empresas y escuelas.

Por supuesto, debido al creciente número de hogares unipersonales en estos días, hay bastantes personas que cenan solas. No es raro que un restaurante tenga tabiques instalados en la mesa para los separar a los comensales, de modo que la gente pueda comer sin mirar otras personas. Sin embargo, paradójicamente, se puede decir que la instalación de este tipo de particiones revela más claramente la psicología de los coreanos, quienes no se sienten cómodos comiendo solos.

Puede encontrar algunos datos interesantes cuando va a un restaurante coreano. En primer lugar, las guarniciones se proporcionan de forma gratuita cuando va a un restaurante coreano. Originalmente, la mesa coreana incluye guarniciones además de arroz y caldo; y de forma central, están platos a la carta como estofados, sopas o guisos. De hecho, en la mayoría de los restaurantes coreanos, solo se escriben los platos a la carta en el menú. Además, si pide guarniciones adicionales al empleado después de terminar de comerlas, la mayoría de los restaurantes no cobran el precio de las guarniciones al final.

En los menús de los restaurantes coreanos, la carne como bulgogi, costillas y tocino, o estofados en una olla caliente, a menudo se venden en porciones que se pueden comer con otras personas en lugar de una sola porción. Hay muchos casos en los que la cantidad de comida está escrita en el menú del restaurante, como ‚grande, mediano, pequeño' en lugar de una porción. Si no está familiarizado con la comida coreana, también puede verificar cuántas porciones puede ordenar en un restaurante coreano.

Capítulo **3**

Teniendo una cita con amigos en Corea

샘 브라운 (영국)
Sam Brown (United Kingdom)

Capítulo 3

Teniendo una cita con amigos en Corea

En una llamada telefónica

Concertando una cita con un amigo por teléfono

우리 같이 영화 볼까요?

¿Vemos una película juntos?

Sam

Yujin

Conversación

pista **083**

샘	여보세요. 유진 씨, 저 샘이에요.
유진	안녕하세요.
샘	내일 시간 있어요?
유진	네, 있어요. 왜요?
샘	우리 같이 영화 볼까요?
유진	좋아요. 같이 영화 봐요! 몇 시요?
샘	3시쯤 어때요?
유진	그래요. 그럼 내일 봐요.
샘	내일 만나요.

Sam	Hola. señorita Yujin, este es Sam.
Yujin	Hola.
Sam	¿Tiene tiempo mañana?
Yujin	SI, lo tengo. ¿Por qué?
Sam	¿Vemos una película juntos?
Yujin	Bien. ¡Veamos una película juntos! ¿A qué hora?
Sam	¿Qué tal a eso de las 3 en punto?
Yujin	Sí. Entonces nos vemos mañana.
Sam	Hasta mañana.

▶ Nuevo vocabulario

씨 señor, señorita, señora

내일 mañana

시간 tiempo

왜 ¿por qué?

우리 nosotros

같이 juntos

영화 película

좋다 bien

몇 시 ¿A qué hora?

쯤 alrededor

만나다 reunir

▶ Nuevas expresiones

여보세요. Hola. (al contestar el teléfono)

좋아요. Bien.

3시쯤 어때요?
¿Qué tal a eso de las 3 en punto?

그래요. Sí.

내일 봐요. Nos vemos mañana.

내일 만나요. Hasta mañana.

▶ Acercamiento

❶ 저 샘이에요
(Para identificarse por teléfono)

Originalmente, cuando se presenta con alguien en persona por primera vez se dice 저는 (nombre)예요/이에요. Sin embargo, cuando la persona llama por teléfono y se identifica, no se dice 저는 (yo), sino que se omite la partícula 는; simplemente refiriéndose a sí mismo como 저 (yo) y dice su nombre. De esta forma es más natural.

> **Ej.** A 여보세요. ¿Hola?
> B 안녕하세요. 저 민수예요. Hola. Soy Minsu.

❷ 우리 같이 −아/어요! y 어때요?
(Sugerir un plan para hacerlo juntos)

En la vida diaria se utiliza la expresión 우리 같이 para expresar un plan. Por ejemplo, cuando se propone salir a comer junto a alguien, se dice 우리 같이 밥 먹어요! (¡Comamos juntos!). También hay una forma de preguntarle a la otra persona que opina de su sugerencia usando 어때요? (¿Qué tal?). Cuando la propuesta se expresa como un sustantivo, se escribe 어때요? después del sustantivo, mientras que si se usa un verbo, se escribe −는 게 어때요? después de éste.

> **Ej.** A 우리 같이 점심 먹어요. ¡Almorcemos juntos!
> B 그래요. 비빔밥 어때요? Sí. ¿Qué tal bibimbap?

> **Ej.** A 좋아요. 우리 집에서 먹는 게 어때요?
> Bien. ¿Qué tal si vamos a comer a mi casa?
> B 네, 좋아요. Sí, bien.

Retrospectiva

• Leyendo la hora

Cuando se lee la hora en coreano, las horas se leen con números coreanos, mientras que los minutos se leen con números de caracteres chinos.

3시
세
números chinos

10분
십
números coreanos

2시
두

6시
여섯

10시
열

1시 10분
한 십

4시 45분
네 사십오

7시 **30분**
일곱 삼십
＝반 (media hora)

Tabla gramatical **p.271**

−(으)ㄹ까요? ¿Podría ...?

−(으)ㄹ까요? Se usa con un verbo para sugerir una acción a otra persona. Cuando la raíz de un verbo termina en vocal, se añade −ㄹ까요?, mientras que si termina en consonante, se añade −을까요?. En muchos casos, el adverbio 같이 (juntos) se usa junto al verbo, y no olvide agregar un signo de interrogación. Cuando diga −(으)ㄹ까요?, levante la entonación ligeramente al final de la oración. Tome en cuenta los siguientes ejemplos.

보다	A 같이 영화 볼까요?	¿Vemos una película juntos?
	B 좋아요. 같이 영화 봐요.	Bueno. Veamos una película juntos.
	미안해요. 시간이 없어요.	Lo siento. No tengo tiempo.

먹다	A 같이 점심 먹을까요?	¿Almorzamos juntos?
	B 좋아요. 같이 점심 먹어요.	Bueno. Comamos juntos.
	미안해요. 다른 약속이 있어요.	Lo siento. Tengo otros planes.

Puede hacer sugerencias y ajustar opiniones entre personas utilizando −(으)ㄹ까요? y 어때요?.

만나다	A 몇 시에 만날까요?	¿A qué hora nos encontramos?
	B 3시 어때요?	¿Qué tal a las 3 en punto?
	A 좋아요. 3시에 만나요.	Muy bien. Nos vemos a las 3.

★걷다	A 좀 걸을까요?	¿Caminamos un poco?
	B 좋아요. 공원에 갈까요?	Bueno. ¿Qué tal si vamos al parque?
	A 그럽시다.	Seguro.

Autoevaluación

1~3 Complete la conversación usando –(으)ㄹ까요.

Ej. A 내일 같이 <u>식사할까요</u>?

B 좋아요. 같이 식사해요.

1. A 주말에 같이 영화를 _____?

B 좋아요. 같이 영화를 봐요.

2. A 이따가 같이 커피를 _____?

B 미안해요. 오늘 일이 많아요.

그래서 같이 커피를 마실 수 없어요.

3. A 일요일에 같이 점심을 _____?

B 미안해요. 다른 약속이 있어요.

그래서 같이 점심을 먹을 수 없어요.

4 Ordene las frases para que se adapten a la conversación.

ㄱ 어디에서 볼까요?

ㄴ 네, 시간 괜찮아요.

ㄷ 지하철역에서 만나요.

ㄹ 좋아요. 같이 식사해요.

ㅁ 이번 주 토요일 12시에 시간 있어요?

ㅂ 네, 좋아요. 그럼, 그때 만나요.

ㅅ 그럼, 같이 식사할까요?

Respuestas **p.277**

Ensayo de gramática

pista 084

우리 같이 –(으)ㄹ까요? Proponiendo algo a otros

우리 같이 산책할까요?	¿Vamos a caminar juntos?
➥ 좋아요. 같이 산책해요!	➥ Bueno, ¡demos un paseo juntos!
우리 같이 밥 먹을까요?	¿Vamos a comer juntos?
➥ 그래요. 같이 밥 먹어요!	➥ Bueno, ¡vamos a comer juntos!
우리 같이 커피 마실까요?	¿Tomamos un café juntos?
➥ 그래요. 같이 커피 마셔요!	➥ Bueno, ¡bebamos café juntos!

제가 –(으)ㄹ까요? Pidiendo una opinión a otros

제가 밥을 살까요?	¿Compro arroz?
제가 먼저 말할까요?	¿Hablo primero?
제가 표를 예매할까요?	¿Compro un boleto?
제가 친구들한테 연락할까요?	¿Contacto a los amigos?

Vocabulario adicional

• **Vocabulario relacionado con citas**

날짜 fecha
시간 hora
장소 lugar
약속하다 prometer
취소하다 cancelar
예약하다 reservar
예매하다 comprar adelantada

Ensayo de conversación

pista 085

(Sustantivo) 괜찮아요? Pidiendo la opinión de otra persona

3시 괜찮아요?	¿Está bien a las 3?
토요일 괜찮아요?	¿Está bien el sábado?
한국 음식 괜찮아요?	¿Está bien la comida coreana?
액션 영화 괜찮아요?	¿Está bien una película de acción?

A 말고 B은/는 어때요? Ofreciendo otra opción a la otra persona

3시 말고 4시는 어때요?	¿Qué tal a las 4 en lugar de las 3?
토요일 말고 일요일은 어때요?	¿Qué tal el domingo en lugar del sábado?
한국 음식 말고 중국 음식은 어때요?	¿Qué tal comida china en lugar de comida coreana?
액션 영화 말고 코미디 영화는 어때요?	¿Qué tal una comedia en lugar de una película de acción?

Consejos de pronunciación

pista 086

같이 [가치]

Si la vocal ㅣ va seguida de las consonantes finales ㄷ, ㅌ, estas consonantes ㄷ, ㅌ se cambian a [ㅈ, ㅊ], y se pronuncia pasando la consonante a la siguiente sílaba. En el ejemplo anterior, ㅌ de 같 se cambia a [ㅊ] y se pasa a la sílaba 이, de modo que se pronuncia [가치].

예 해돋이 [해도지]　밭이 [바치]

☕ Pausa para el café

Confirmando una cita

Al programar una cita por teléfono, es necesario para los coreanos verificar la fecha, hora, lugar y número. En esos momentos, diga el contenido de lo que desea verificar y agregue 맞아요? (¿es correcto?). O también puede decir 확인할게요 (lo comprobaré), lo cual significa que usted comprobará primero y luego volverá a llamar con la confirmación. Eso reducirá la posibilidad de malentendidos al programar una cita por teléfono.

La cultura pop coreana: K-Culture

La cultura popular como el K–pop, K–drama y K–movie en Corea es amada por muchas personas en todo el mundo. La Ola Coreana, que comenzó a crecer en Asia a principios de la década de 2000, se ha expandido por todo el mundo.

En primer lugar, el K–pop se ha convertido recientemente en el género más querido del mundo. El grupo líder de Corea, BTS, también encabezó la lista de sencillos de Billboard en los Estados Unidos. Lo que es más sorprendente es que el K–pop, que es popular entre personas de todo el mundo, es un género que se canta en coreano. El K–pop es tan querido que los extranjeros que no hablan coreano cantan las canciones en coreano. ¿Por qué la gente ama el K–pop? Sobre todo, las agencias de música coreanas juegan un papel importante en la formación del mejor equipo para producir la música, escribir canciones y hacer que los cantantes practiquen sistemáticamente. Además, la danza coreografiada y dinámica del cantante ídolo coreano son la marca registrada del K–pop en Corea. Esto es posible porque los niños y niñas adolescentes que son seleccionados como aprendices por una agencia coreana han dedicado su infancia a la práctica del baile y el canto. Se puede decir que el fandom se formó por su pasión, perseverancia y habilidades para cumplir sus sueños.

Mientras tanto, K–drama y K–movie también son áreas donde la Ola Coreana ha florecido. Los dramas coreanos, que lideraron la Ola Coreana a principios de la década de 2000, son tan populares que monopolizan entre el 60 y el 70 por ciento del top–10 de Netflix Asia. Con la expansión del drama coreano bajo varios temas y la creciente popularidad de los actores coreanos gracias a la popularidad de los programas, los dramas coreanos han asegurado una base de fans diversa. Recientemente, los dramas adaptados de webtoons que ya han demostrado ser populares se han vuelto populares de la misma manera. Las películas coreanas también se destacan por la participación, de manera directa, del director en escenarios, dirigiendo trabajos con sus propios colores y creando un mundo distinto de obras. Como el director Park Chan–wook, que es famoso por Old Boy, el director Hong Sang–soo, director del Festival de Cine de Cannes, el director Lee Chang–dong, que hace películas literarias, y Bong Joon–ho, director de "Parasite", quien ganó los premios Oscar 2020 al Mejor Director, el Mejor Guión y el Premio a la Mejor Película. Las películas coreanas que crean su propio estilo cinematográfico único son amadas por muchos.

En una videollamada

Invitando a un amigo

내일 친구들하고
영화를 보려고 해요

Mañana iré a ver una película con mis amigos

Sam   Mei

메이	여보세요.
샘	안녕하세요. 메이 씨, 지금 통화할 수 있어요?
메이	네, 괜찮아요.
샘	내일 친구들하고 영화를 보려고 해요. 같이 영화 봐요!
메이	좋아요. 그런데 무슨 영화를 볼 거예요?
샘	아직 안 정했어요.
메이	알겠어요. 내일 얘기해요!
샘	그럼, 내일 만나요. 끊을게요.

Mei	Hola.
Sam	Hola. Mei, ¿puede hablar ahora?
Mei	Sí, está bien.
Sam	Mañana voy a ver una película con amigos. ¡Veamos una película juntos!
Mei	Bueno. Pero, ¿qué película veremos?
Sam	Aún no lo he decidido.
Mei	Entendido. ¡Hablamos mañana!
Sam	Entonces, nos vemos mañana. Colgaré.

통화하다 hablar por teléfono

괜찮다 está bien

친구 amigo/a

들 varios

그런데 pero, por cierto

무슨 cuál

정하다 decidir, escoger

얘기하다 hablar

끊다 colgar, dejar

지금 통화할 수 있어요?
¿Puede hablar ahora?

괜찮아요. Está bien.

아직 안 정했어요.
Aún no lo he decidido.

내일 얘기해요! ¡Hablamos mañana!

끊을게요. Colgaré.

① La partícula 하고
(para expresar compañía)

La partícula 하고 indica que se hace algo con alguien más. 하고 se agrega al final de un sustantivo que indique a la o las personas con las que se realizará la acción. Ya sea que el sustantivo termine en vocal o en consonante, se agrega 하고. Esta partícula puede utilizarse indistintamente con las partículas 와/과, en forma escrita y formal; así como la partícula (이)랑 en formas coloquiales e informales.

Ej. 매일 친구하고 밥을 먹어요.
Como con mis amigos todos los días.

Ej. 다음 주에 가족하고 여행할 거예요.
Viajaré con mi familia la próxima semana.

② 무슨
(para preguntar ¿cuál?)

무슨 se escribe delante de un sustantivo para modificarlo. Se utiliza principalmente para preguntas sobre tipo. En la conversación, se pregunta por el tipo de película, puede ser 코미디 (comedia), 액션 (acción), 로맨스 (romance), etc., y se hace por medio de la pregunta 무슨 영화. Si se utiliza la expresión 어느 de modo que la pregunta sea 어느 영화, se utiliza como medio para elegir una de entre varias películas.

Ej. A 무슨 음식을 좋아해요?
¿Qué tipo de comida le gusta?

B 저는 한국 음식을 좋아해요.
Me gusta la comida coreana.

Ej. A 어느 음식을 드시겠어요?
¿Qué comida le gustaría comer?

B 저는 비빔밥을 먹을게요. Comeré bibimbap.

Retrospectiva

• Vocabulario para expresar la clase de lugar

OO관: Se refiere a un edificio grande.	영화관 (영화를 보다) 미술관 (그림을 보다) 박물관 (전시회를 보다)	cine (ver una película) galería (ver imágenes, arte) museo (ver una exposición)
OO장: Se refiere a un lugar (área definida)	운동장 (운동하다) 수영장 (수영하다) 행사장 (행사하다)	patio (hacer ejercicio) piscina (nadar) salón (organizar eventos)
OO실: Se refiere a una habitación determinada	교실 (공부하다) 사무실 (일하다) 휴게실 (쉬다)	aula (clase) oficina (trabajo) salón (descanso)

Enfoque Gramatical

Tabla gramatical **p.271**

–(으)려고 하다 Intento …

–(으)려고 하다 se usa con un verbo para indicar que el sujeto de una oración tiene la intención o la voluntad de hacer algo. En particular, se usa principalmente al describir el plan del sujeto de la oración o lo que se ha decidido. Cuando la raíz de un verbo termina en vocal, se usa –려고 하다, mientras que si termina en consonante, se usa –으려고 하다.

쉬다	이번 주말에 저는 집에서 쉬려고 해요. — Este fin de semana descansaré en casa.
찾다	유진 씨는 졸업 후 일을 찾으려고 해요.

Yujin está tratando de encontrar un trabajo para después de graduarse.

시작하다 A 마크 씨, 한국어 공부가 끝나면 뭐 하려고 해요?

Mark, ¿Qué harás cuando termines de estudiar coreano?

B 저는 한국에서 일을 시작하려고 해요. — Empezaré a trabajar en Corea.

피우다 이제부터 담배를 피우지 않으려고 해요. — A partir de ahora, dejaré de fumar.

★ 걷다 건강을 위해서 매일 30분씩 걸으려고 해요.

Voy a caminar 30 minutos todos los días por mi salud.

★ 살다 저는 이 집에서 계속 살려고 해요. — Estoy tratando de vivir en esta casa.

Para expresar una intención pasada, la expresión –(으)려고 하다 se combina con la conjugación de tiempo pasado –았/었–, para dar como resultado –(으)려고 했다.

말하다 어제 말하려고 했어요. 그런데 말 못 했어요.

Iba a decirlo ayer pero no pude hacerlo.

배우다 전에 수잔 씨가 한국 요리를 배우려고 했어요. 그런데 시간이 없어서 못 했어요.

Antes, Susan intentó aprender cocina coreana. Pero no pudo porque no tenía tiempo.

> **¡Cuidado!**
> –(으)ㄹ 거예요 es para describir objetivamente el tiempo futuro de la oración, mientras que –(으)려고 하다 es para describir un plan de acuerdo con la intención del sujeto en tiempo presente. Si el sujeto de una oración no es una persona, –(으)ㄹ 거예요 se interpreta como el momento cuando se realiza una acción, mientras que –(으)려고 하다 sirve para explicar lo que se tiene planeado para el objeto.
> Ej. 저는 이번 주말에 여행 갈 거예요. Me voy de viaje este fin de semana.
> 저는 이번 주말에 여행 가려고 해요. Quiero ir de viaje este fin de semana.
> Ej. 곧 졸업식이 시작할 거예요. La ceremonia de graduación empezará pronto.
> 곧 졸업식이 시작하려고 해요. La ceremonia está por comenzar.

Autoevaluación

1~5 Elija la opción correcta de las para completar la oración.

1. 이번 달에 돈을 너무 많이 썼어요. 그래서 앞으로 돈을 많이 ① 쓰려고 해요.

② 쓰지 않으려고 해요.

2. 매일 늦게 일어나서 늦어요. 내일부터 일찍 자고 일찍 ① 일어나려고 해요.

② 일어나지 않으려고 해요.

3. 담배를 피워서 건강이 나빠졌어요. 이제부터 담배를 ① 피우려고 해요.

② 피우지 않으려고 해요.

4. 이제부터 책을 ① 읽으려고 해요. 그래서 오늘 서점에서 책을 많이 샀어요.

② 읽지 않으려고 해요.

5. 어제 한국 음식을 ① 만들려고 해요. 그런데 시간이 없어서 못 만들었어요.

② 만들려고 했어요.

6~9 Utilice –(으)려고 하다 para completar la conversación.

6. A 수업 후에 뭐 할 거예요?

B 친구하고 밥을 _____.
(먹다)

7. A 휴가 때 뭐 할 거예요?

B 혼자 제주도에 여행 _____.
(가다)

8. A 이번 주말에 뭐 하려고 해요?

B 그냥 집에 _____.
(있다)

9. A 앞으로 어떻게 말하기를 연습하려고 해요?

B 한국 친구를 _____.
(찾다)

Respuestas **p.277**

Ensayo de gramática

pista 088

(tiempo) 부터 –(으)려고 해요 Hablando de sus planes

오늘부터 다이어트하려고 해요.
Voy a hacer dieta a partir de hoy.

오늘부터 게임을 안 하려고 해요.
No voy a jugar videojuegos a partir de hoy.

내일부터 운동을 시작하려고 해요.
Voy a empezar a ejercitarme a partir de mañana.

내일부터 영어로 말하지 않으려고 해요.
No hablaré inglés a partir de mañana.

–(으)ㄹ 거예요? Preguntando por el plan de una persona

어떻게 집에 갈 거예요?
¿Cómo irá a casa?

이번 주말에 뭐 할 거예요?
¿Qué hará este fin de semana?

어디에서 친구를 만날 거예요?
¿Dónde se encontrará con sus amigos?

언제 한국어 공부를 시작할 거예요?
¿Cuándo empezará a estudiar coreano?

Vocabulario adicional

• **Vocabulario relacionado a una llamada telefónica**

전화를 걸다 hacer una llamada telefónica
전화를 받다 recibir una llamada
통화하다 hablar por teléfono
전화를 끊다 colgar el teléfono
문자 메시지를 보내다 enviar un mensaje de texto
문자 메시지를 받다 recibir un mensaje de texto
영상통화하다 hacer una videollamada

영상통화하다

전화를 걸다

Ensayo de conversación

-(으)면 어때요? Proponiendo algo a otra persona

좀 걸으면 어때요?	¿Qué tal si caminamos un poco?
같이 식사하면 어때요?	¿Qué tal si comemos juntos?
내일 일찍 만나면 어때요?	¿Qué tal si nos reunimos mañana temprano?
다른 친구도 부르면 어때요?	¿Qué tal si llamamos a otros amigos también?

-아/어 줘서 고마워요 Expresando gratitud

전화해 줘서 고마워요.	Gracias por llamar.
걱정해 줘서 고마워요.	Gracias por preocuparse.
얘기 들어 줘서 고마워요.	Gracias por su atención.
그렇게 말해 줘서 고마워요.	Gracias por decírmelo.

Consejos de pronunciación

괜찮아요 [괜차나요]

pista 090

Cuando la superposición ㄶ, ㅀ va seguida de una terminación que comience con vocal, la segunda ㅎ de ㄶ, ㅀ se omite y no se pronuncia. Entonces el primer ㄴ, ㄹ de ㄶ, ㅀ se pronuncia moviéndolo a la siguiente sílaba. En el ejemplo anterior, 괜찮아요, la consonante ㅎ en 찮 se omite, y la consonante que queda, ㄴ se pasa a la siguiente sílaba, con lo que la pronunciación final es [괜차나요].

예 **끊어요** [끄너요] **앓아요** [아라요]

 Pausa para el Café

Cómo despedirse cuando hable por teléfono

Si cuelga el teléfono con alguien de su edad, pero con quien tiene una relación formal (por ejemplo: un socio comercial), simplemente diga 안녕히 계세요 (adiós). Sin embargo, cuando finalice una llamada telefónica con alguien de la misma edad con quien tenga una relación cercana (por ejemplo: un amigo de la escuela), puede decir casualmente 끊을게요 (colgaré). Si finaliza una llamada telefónica de alguien con quien necesita hablar de forma más cortés (por ejemplo, su jefe o sus padres) diga 들어가세요 (adiós).

Alimentos para cada situación

Hay alimentos que se comen tradicionalmente en las fiestas coreanas. Se come Tteokguk (sopa de pastel de arroz) el día de Año Nuevo y Songpyeon(pastel de arroz en forma de media luna) en Chuseok. Además de estos alimentos festivos, hay alimentos que le vienen a la mente de los coreanos en momentos específicos de la vida diaria.

Sopa de algas en su cumpleaños

En Corea, siempre se come sopa de algas en los cumpleaños. En particular, los adultos mayores suelen preguntar a los jóvenes en su cumpleaños: "¿Comiste sopa de algas?" La nutritiva sopa de algas se brinda mucho a las madres después del parto, y se dice que se originó a partir de la sopa de algas que se colocaba sobre la mesa para rezar por los bebés.

Antes del examen, caramelo masticable o pastel de arroz

Los coreanos presentan un caramelo masticable o un pastel de arroz glutinoso con un fuerte sentido de "pegajoso", para significar "aprobar" a quienes están a punto de dar un examen. Si come caramelos pegajosos o pastel de arroz glutinoso, o los recibe como un regalo, simboliza el deseo de que apruebe el examen. A mediados de noviembre, antes de los exámenes de ingreso a la universidad a nivel nacional en Corea, es fácil encontrar dulces y pasteles de arroz glutinoso que se venden aquí y allá en la ciudad. Por razones similares, los coreanos no comen sopa de algas antes de una prueba seria. Esto se debe a que la sensación "resbaladiza" de la sopa de algas recuerda a un resbalón y no podrá aprobar el examen.

En un día lluvioso, hay que tomar Makgeolli con Pajeon

Muchos coreanos piensan en Makgeolli y Pajeon en los días de lluvia. Algunos explican que la comida alta en calorías sirve para elevar la temperatura corporal que es baja en un día lluvioso, mientras que otros dicen que es porque el sonido de la lluvia recuerda al sonido de poner cebollas verdes en aceite. Por el motivo que sea, hay muchas casas que sirven Pajeon en los días de lluvia. Makgeolli es una bebida que va muy bien con Pajeon. Por supuesto, puede tomar una cerveza o un soju con Pajeon, pero en un día lluvioso, puede pensar en la comida tradicional llamada Pajeon Makgeolli.

En el lugar de encuentro

Cambiando el lugar de un encuentro

사람이 많아서
유진 씨가 안 보여요

Hay mucha gente, así que no puedo ver a Yujin

Sam   Yujin

Conversación

pista 091

샘	여보세요. 유진 씨, 지금 어디에 있어요?	Sam	Hola. Yujin, ¿dónde está ahora?
유진	저는 홍대입구역에 있어요.	Yujin	Estoy en la estación de la Universidad Hongik.
샘	몇 번 출구에 있어요?	Sam	¿En qué salida se encuentra?
유진	9번 출구에 있어요.	Yujin	Estoy en la salida 9.
샘	그런데 여기에 사람이 많아서 유진 씨가 안 보여요.	Sam	Pero hay mucha gente aquí, así que no puedo verla a Yujin.
유진	그래요? 그럼, 역 근처 공원 알아요?	Yujin	¿De verdad? Entonces, conoce el parque que está cerca a la estación.
샘	네, 알아요.	Sam	Sí, lo conozco.
유진	그럼, 거기에서 봐요.	Yujin	Entonces, nos vemos allí.
샘	알겠어요. 지금 갈게요.	Sam	Entiendo. Iré ahora.

▶ Nuevo vocabulario

어디에 dónde

홍대입구역 Estación de la Universidad Hongik

출구 salida

사람 persona

많다 muchos

역 estación

근처 cerca

공원 parque

알다 saber

거기 allí

▶ Nuevas expresiones

지금 어디에 있어요?
¿Dónde está ahora?

몇 번 출구에 있어요?
¿En qué salida está?

··· 알아요?
¿Conoce …?

거기에서 봐요. Nos vemos allí.

지금 갈게요. Iré ahora.

▶ Acercamiento

❶ 여기/거기/저기
(aquí, ahí, allí)

여기 se refiere a un lugar cercano al hablante, 저기 se refiere a un lugar alejado tanto del hablante como del oyente. Y 거기 se refiere a un lugar que está lejos del hablante, pero cerca del oyente, o un lugar que ya haya sido referido en la conversación. Además, 거기 también se refiere a un lugar que se indique pero no esté visible para los participantes de la conversación.

Ej. 여기에 핸드폰이 있어요. Aquí hay un teléfono.

Ej. 시계가 저기에 있어요. El reloj está allí.

❷ El orden de las unidades
(de grandes a pequeñas)

A diferencia del idioma español, en coreano, cuando se hace referencia a un lugar o tiempo específico, se describe empezando con unidades grandes para luego mencionar unidades pequeñas. En la conversación, la expresión 역 근처 공원 (el parque cerca de la estación) se refiere a un área grande (cerca de la estación) y luego al área específica (el parque). De hecho, incluso al escribir direcciones en coreano, se escriben desde las unidades grandes a las más pequeñas. La hora también se escribe en el mismo orden. Por ejemplo, al programar una cita, diga primero la fecha, luego la parte del día y finalmente la hora específica, por ejemplo 10일 오후 3시 (el día 10 en la tarde a las 3).

Ej. 다음 주 화요일 오후 6시에 학교 근처 카페에서 만나요.
Nos vemos el próximo martes a las 6 pm en un café cerca de la escuela.

Retrospectiva

• Conjunciones de uso frecuente

그리고 Y	날씨가 좋아요. 그리고 사람들이 친절해요 Hace buen tiempo. Y la gente es amigable.
그런데, 하지만 Pero	한국어 공부가 재미있어요. 그런데 좀 어려워요. Estudiar coreano es divertido. Pero es un poco difícil.
그래도 Aun así	많이 먹었어요. 그래도 배가 고파요. Comí mucho. Aun así, todavía tengo hambre.
그래서 Entonces	배가 아파요. 그래서 병원에 가요. Me duele el estómago. Entonces, iré al hospital.
그러니까 Por eso	비가 와요. 그러니까 우산을 가지고 가세요. Está lloviendo. Por eso, lleve un paraguas.
그러면 (= 그럼) Entonces	한국어를 잘하고 싶어요? 그러면 한국 친구하고 많이 얘기하세요. ¿Quieres ser bueno en coreano? Entonces, hable mucho con sus amigos coreanos.
왜냐하면 Porque	오후에 시간이 없어요. 왜냐하면 오후에 아르바이트해요. No tengo tiempo en la tarde. Porque trabajo a medio tiempo por la tarde.

Enfoque Gramatical

−아/어서 ..., así que ...

−아/어서 se utiliza para indicar la causa o razón de algo. −아/어서 es una estructura gramatical que conecta dos oraciones que representan causa y efecto en una sola oración con el adverbio conjuntivo 그래서. A diferencia del inglés, en coreano, una cláusula que indica la razón y que se combina con −아/어서 se escribe siempre antes de la cláusula de resultado. −아/어서 puede combinarse con verbos y adjetivos. El verbo 하다 se utiliza de la forma 해서. Cuando la raíz termina con las vocales ㅏ, ㅗ, se utiliza −아서, mientras que para el resto se usa −어서.

| 유명하다 | 김치가 유명해서 김치를 살 거예요. |
| | El kimchi es famoso, así que voy a comprarlo. |

| 바쁘다 | 요즘 일이 바빠서 시간이 없어요. |
| | Estoy ocupado estos días, así que no tengo tiempo. |

| 있다 | 한국 친구가 있어서 한국어를 배워요. |
| | Tengo amigos coreanos, así que estoy aprendiendo coreano. |

| 가다 | 다음 주에 여행 가서 여행 가방을 사요. |
| | Viajo la semana que viene, así que compro una maleta. |

| 만나다 | 친구를 만나서 기분이 너무 좋아요. |
| | Me reuní con mi amigo, así que me siento bien. |

| ★덥다 | 날씨가 더워서 힘이 없어요. |
| | El clima es caluroso, así que no tengo energía. |

Para expresar la causa o razón en el pasado, la conjugación de tiempo pasado −았/었− no se puede combinar con −아/어서. Por lo tanto, la clásula que expresa causa o razó con −아/어서 se usa igual ya sea tiempo presente o pasado.

아프다	어제 아파서 친구를 만날 수 없었어요. (O)
	Ayer no pude encontrarme con mi amigo porque estaba enfermo.
	어제 아팠어서 친구를 만날 수 없었어요. (X)

> ⓘ **¡Cuidado!**
> −아/어서 no puede usarse con −(으)세요 o −(으)ㅂ시다. Por lo tanto, cuando se habla de los motivos de la forma imperativa y la forma de solicitud, se utiliza −(으)니까 en lugar de −아/어서.
> Ej.) 날씨가 좋아서 산책합시다. (X)
> 날씨가 좋으니까 산책합시다. (O) Hace buen tiempo, vamos a dar un paseo.

Autoevaluación

1~4 Conecte las oraciones usando –아/어서.

Ej. 친구가 <u>바빠요</u>. <u>그래서</u> 시간이 없어요.

→ **바빠서**

1. 한국 사람이 <u>친절해요</u>. <u>그래서</u> 저를 많이 도와줬어요.

→

2. 한국어를 잘 <u>몰라요</u>. <u>그래서</u> 길을 잃어버렸어요.

→

3. 어제 배가 <u>아팠어요</u>. <u>그래서</u> 병원에 갔어요.

→

4. 아까 많이 <u>먹었어요</u>. <u>그래서</u> 지금 배가 불러요.

→

5~7 Complete la conversación usando –아/어서 y los verbos mostrados.

Ej. A 왜 피곤해요?

B **일이 많아서** 피곤해요.
   (일이 많다)

5. A 왜 일찍 자요?

B _____ 일찍 자요.
   (내일 아침에 약속이 있다)

6. A 왜 한국어를 공부해요?

B _____ 공부해요.
   (한국 사람하고 말하고 싶다)

7. A 왜 어제 전화를 안 받았어요?

B _____ 전화 못 받았어요.
   (전화가 고장 나다)

Respuestas **p.277**

Ensayo de gramática

−아/어서 −(으)ㄹ 수 없어요 Poniendo excusas

바빠서 만날 수 없어요.	No puedo reunirme porque estoy ocupado.
피곤해서 운동할 수 없어요.	No puedo hacer ejercicio porque estoy cansado.
시간이 없어서 만날 수 없어요.	No puedo reunirme porque no tengo tiempo.
돈이 없어서 옷을 살 수 없어요.	No puedo comprar ropa porque no tengo dinero.

−아/어서 안 돼요 Dando una opinión negativa

비싸서 안 돼요.	No puedo porque es caro.
머리가 아파서 안 돼요.	No puedo porque me duele la cabeza.
시간이 없어서 안 돼요.	No puedo porque no tengo tiempo.
날씨가 나빠서 안 돼요.	No puedo porque hace mal tiempo.

Vocabulario adicional

• **Expresiones de uso frecuente cuando se usa el trabajo como excusa**

바빠요 estoy ocupado

일이 많아요 hay mucho trabajo

시간이 없어요 no hay tiempo

• **Expresiones de uso frecuente cuando se usa la salud como excusa**

머리가 아파요 me duele la cabeza

몸이 안 좋아요 no me siento bien

감기에 걸렸어요 estoy resfriado

• **Expresiones de uso frecuente cuando se usa el transporte como excusa**

길이 막혀요 el camino está bloqueado

교통이 복잡해요 el tráfico es complicado

길에 차가 많아요 hay muchos autos en la carretera

Ensayo de conversación

pista 093

(Lugar) 어디에 … ? Preguntando una ubicación específica

학교 어디에 있어요? — ¿Dónde está en la escuela?

➡ 학교 정문 앞에 있어요. — ➡ Estoy frente a la entrada principal de la escuela.

지하철역 어디에 있어요? — ¿Dónde está en la estación del metro?

➡ 지하철역 2번 출구에 있어요. — ➡ Estoy en la salida 2 de la estación del metro.

서울 어디에 살아요? — ¿Dónde vive en Seúl?

➡ 서울 강남에 살아요. — ➡ Vivo en Gangnam, Seúl.

(situación) 제가 다시 전화할게요 Cuando se despide por teléfono

다른 전화가 와요. 제가 다시 전화할게요. — Tengo otra llamada. Le llamaré luego.

배터리가 다 됐어요. 제가 다시 전화할게요. — La batería está agotada. Le llamaré luego.

소리가 잘 안 들려요. 제가 다시 전화할게요. — No puedo escuchar bien el sonido. Le llamaré luego.

이제 끊어야겠어요. 제가 다시 전화할게요. — Tengo que dejarle. Le llamaré luego.

Consejos de pronunciación

pista 094

영화 [영화]

El primer sonido ㅎ, conectado a la consonante final ㄴ, ㅇ, ㄹ, ㅁ se atenúa en la pronunciación. En el ejemplo anterior, la ㅎ que sigue a la ultima ㅇ en 영 se debilita y [영화] se escucha como [영와].

예 전화 [전화]   운동화 [운동화]

Pausa para el café

Cuando no puede escuchar bien el teléfono

Cuando no pueda escuchar a la otra persona mientras habla por teléfono, diga 잘 안 들려요. La otra persona hablará en voz más alta. Por supuesto, también puede pedir directamente a la otra persona que 더 크게 말해 주세요 (hable más fuerte). También puede simplemente decir 네? (¿sí?) para decirle a la persona que repita lo que ha dicho.

Comida callejera coreana

Una de las cosas que los extranjeros dicen cuando vienen a Seúl es que "los precios coreanos son más caros de lo esperado". En particular, se puede pensar eso viendo el precio del café, que es más caro que el precio de una comida en un simple restaurante. Sin embargo, la buena noticia es que la comida coreana no se limita a la costosa comida coreana que brinda sabor y disfrute visual, sino que también existe en una variedad de puestos de comida callejera.

Tteokbokki

Tteokbokki es una de las comidas callejeras representativas de Corea, y es una comida que la gente disfruta en los puestos callejeros y en los restaurantes baratos. Es un alimento que se elabora sumergiendo pasta de chile rojo en agua y luego cortando pastel de arroz para que sea más fácil de comer e hirviéndolas con varias verduras, además es muy fácil de hacer. El tteokbokki es una comida popular principalmente entre los estudiantes en la adolescencia y los 20s, así como mujeres jóvenes, pero en estos días, los jóvenes, independientemente del género, disfrutan del sabor picante del Tteokbokki. Lo interesantes es que el tteokbokki, una comida popular hoy en día, era una comida real que se había incluido a la mesa del rey en el pasado. En el pasado, el tteobokki real usaba salsa de soya en lugar del gochujang actual, por lo que el color de la comida no era rojo, y los ingredientes no eran principalmente tortas de arroz y verduras, sino más bien un plato caliente hecho de carne y champiñones finamente picados.

Bungeoppang

El Bungeoppang es un bocadillo que se puede encontrar fácilmente aquí y allá en la calle cuando el viento frío empieza a soplar, se elabora en un molde que tiene la misma forma por ambos lados, con masa finamente hecha y frijoles rojos horneados en su interior. La gente lo llama "Bungeoppang" porque el molde para hornear tiene la forma de una carpa, y cuando el pan sale, parece una carpa. El exterior es crujiente y el interior contiene frijoles rojos dulces calientes, por lo que los coreanos disfrutan comiendo Bungeoppang cuando hace frío. Debido a que el molde de Bungeoppang se hace con dos piezas idénticas a la izquierda y a la derecha, los coreanos a veces se refieren a las personas que se parecen (como padre–hijo) como "Bungeoppang"

Pidiendo un café

죄송합니다.
지금 빵이 없습니다

Lo siento. No hay pan ahora

Café

Sam

Empleada de la cafetería

Conversación

pista 095

직원	어서 오세요.
샘	아이스 커피 한 잔하고 딸기 주스 두 잔 주세요.
직원	알겠습니다. 또 필요한 거 없으세요?
샘	그리고 빵도 세 개 주세요.
직원	죄송합니다. 지금 빵이 없습니다.
샘	그래요? 그럼, 커피하고 주스만 주세요.
직원	네, 전부 15,000원입니다.
샘	여기 있어요.

Empleada	Bienvenido.
Sam	Quisiera un café helado y dos vasos de jugo de fresa.
Empleada	Entendido. ¿Necesita otra cosa más?
Sam	Y quisiera tres panes también, por favor.
Empleada	Lo siento. No hay pan ahora
Sam	¿De verdad? Entonces, sólo quisiera el café y el jugo.
Empleada	Sí, son 15000 wones en total.
Sam	Aquí tiene.

▶ Nuevo vocabulario

커피 café

아이스 커피 café helado

잔 vaso

딸기 fresa

주스 jugo

또 además

필요하다 necesitar

거 cosa

그리고 además, y

빵 pan

도 también, además

개 (contador de objeto)

만 solamente

전부 total

원 won (moneda coreana)

▶ Nuevas expresiones

또 필요한 거 없으세요?
¿Necesita algo más?

그리고 빵도 세 개 주세요.
Y quisiera tres panes también, por favor.

커피하고 주스만 주세요.
Sólo quisiera el café y el jugo

전부 15,000원입니다.
Son 15,000 wones en total

▶ Acercamiento

❶ 하고 y 그리고
(para añadir)

Tanto 하고 como 그리고 significan "además" o "y", pero la forma de utilizarlos es diferente. 하고 se escribe entre dos o más sustantivos para expresar que el ultimo sustantivo se agrega al primero; mientras que el adverbio conjuntivo 그리고 se usa entre dos o más oraciones para expresar que la oración posterior se agrega a la primera.

Ej.) 저는 불고기하고 김치를 좋아해요.
Me gusta el bulgogi y el kimchi.

Ej.) 비빔밥이 싸요. 그리고 맛있어요.
El bibimbap es barato. Y es delicioso.

❷ Las partículas 도 y 만
(para expresar "más" y "solamente")

Las partículas 도 y 만 se usan después de un sustantivo para agregarles un significado especial. La partícula 도 indica que un sustantivo también se agrega a lo que ya estaba incluido. La partícula 만 indica que los sustantivos con los que se combina son únicos e independientes. Cuando las partículas 도 y 만 se tiene que unir con las partículas 이/가 o 을/를 (expresando tema u objetivo), éstas generalmente se omiten. Sin embargo, cuando tienen que combinarse con otro tipo de partículas, no se omiten.

Ej.) 아침을 안 먹었어요. 점심도 안 먹었어요.
No desayuné. Tampoco almorcé.

Ej.) 제가 고기하고 채소를 좋아해요. 그런데 생선만 안 좋아해요.
Me gustan la carne y las verduras. Pero sólo el pescado no me gusta.

Retrospectiva

• Unidades para contar

Al contar, los números coreanos se usan junto a una palabra especial para contar. La palabra cambia según el sustantivo que está siendo contado. En coreano, primero se dice el sustantivo contado, luego el número coreano, y finalmente la palabra de unidad de conteo. Por ejemplo, para contar un sombrero, se dice 모자 한 개, y para contar dos personas se usa 사람 두 명.

uno	한 개	한 명	한 분	한 잔	한 권	한 장
dos	두 개	두 명	두 분	두 잔	두 권	두 장
tres	세 개	세 명	세 분	세 잔	세 권	세 장
mucho	여러 개	여러 명	여러 분	여러 잔	여러 권	여러 장

Enfoque Gramatical

Tabla gramatical **p.272**

–(스)ㅂ니다 Lenguaje formal

En coreano, la forma en que se termina una oración indica la forma de hablar, y ésta varía según la situación (formal/informal) y la persona (superior/inferior). La estructura formal –(스)ㅂ니다 se usa para tratar a la otra persona de manera formal, aunque se sienta un poco difícil de hacer en situaciones formales. Por ejemplo, a menudo se usa cuando se trata de alguien que conoce en una relación comercial, cuando se habla con el jefe de una empresa, o cuando se hace un discurso público. Es posible que haya escuchado –(스)ㅂ니다 de un empleado en uniforme, como un empleado de una tienda departamental o un asistente de vuelo. La forma –아/어요 se usa en la vida cotidiana cuando se trata con una persona con quien se tiene una relación amistosa en lugar de formal, como para estudiantes o comerciantes locales. La forma –(스)ㅂ니다 se usa con verbos y adjetivos. Cuando la raíz de un verbo o adjetivo termina con una vocal, se añade –ㅂ니다, mientras que si termina en consonante, se añade –습니다.

하다	이제 회의가 시작합니다.	Ahora comienza la reunión.
춥다	요즘 날씨가 춥습니다.	El clima es frío estos días.
이다	저는 미국 사람입니다.	Soy estadounidense.

Al expresar el tiempo pasado, la estructura de tiempo pasado –았/었 se combina con la forma –(스)ㅂ니다. En otras palabras, la estructura –았/었습니다 se combina con la raíz del verbo o el adjetivo.

| 일하다 | 어제 아침부터 일했습니다. | Trabajé desde ayer por la mañana. |
| 찾다 | 조금 전에 동료가 서류를 찾았습니다. | |

Hace un tiempo, un colega encontró el documento.

Cuando se hace una pregunta en forma formal, –(스)ㅂ니다 se cambia por la forma –(스)ㅂ니까 para combinarse con la raíz de verbos y adjetivos.

어떻다	A 회사 생활이 어떻습니까?	¿Qué tal es la vida de su empresa?
재미있다	B 재미있습니다.	Es divertido.
끝나다	A 회의가 언제 끝났습니까?	¿Cuándo terminó la reunión?
	B 조금 전에 끝났습니다.	Se acabó hace un tiempo.

Autoevaluación

1~5 Reemplace la parte subrayada con –(스)ㅂ니다, como muestra el ejemplo.

Ej. 저는 한국 영화를 정말 <u>좋아해요</u>. → **좋아합니다**

1. 그래서 주말에 친구하고 영화를 <u>봐요</u>. →

2. 영화가 끝나면 같이 점심을 <u>먹어요</u>. →

3. 가끔 커피도 <u>마셔요</u>. →

4. 지난주에도 영화를 <u>봤어요</u>. →

5. 정말 <u>재미있었어요</u>. →

6~8 Utilice –(스)ㅂ니다 para completar la conversación.

Ej. A 이름이 무엇입니까?
     B 저는 <u>**마크입니다**</u>.

6. A 어느 나라에서 왔습니까?
     B 미국에서 _____.

7. A 지금 무슨 일을 합니까?
     B 은행에서 _____.

8. A 언제 일을 시작하셨습니까?
     B 6개월 전에 _____.

Respuestas **p.278**

Ensayo de gramática

pista 096

Hablando con expresiones negativas

빵이 하나도 없습니다.	No hay pan.
돈이 하나도 없습니다.	No tengo dinero.
모자가 한 개도 없습니다.	No tengo ni un solo sombrero.
학생이 한 명도 없습니다.	No hay estudiantes.

뭐든지/누구든지/언제든지/어디든지 cualquier/a

뭐든지 다 있습니다.	Todo está ahí.
누구든지 올 수 있습니다.	Cualquiera puede venir.
언제든지 살 수 있습니다.	Puede comprarlo en cualquier momento.
어디든지 갈 수 있습니다.	Puede ir a cualquier parte.

Vocabulario adicional

• **Vocabulario relacionado con las tiendas**

문을 열다 abrir la puerta
문을 닫다 cerrar la puerta
주문하다 ordenar
계산하다 calcular
줄을 서다 hacer fila
영수증 recibo

Ensayo de conversación

pista **097**

드릴까요? Preguntando la intención de otra persona

영수증 드릴까요? — ¿Desea tener el recibo?

➡ 아니요, 괜찮아요. — ➡ No, está bien.

뭐 드릴까요? — ¿Qué desea?

➡ 샌드위치 주세요. — ➡ Un sándwich, por favor.

몇 개 드릴까요? — ¿Cuántos desea?

➡ 두 개 주세요. — ➡ Deme dos, por favor.

따로 (–아/어) 주세요 Solicitando algo adicional

얼음을 따로 주세요. — Separe el hielo, por favor.

설탕을 따로 주세요. — Azúcar por separado, por favor.

따로 계산해 주세요. — Haga la cuenta por separado, por favor.

따로 포장해 주세요. — Envuélvalo por separado, por favor.

Consejos de pronunciación

없어요 [업써요]

pista **098**

Cuando se combina una sílaba con doble consonante final, con otra que empieza en vocal, la segunda consonante del grupo doble se mueve a la siguiente sílaba para pronunciarse. En el ejemplo anterior, en 없, la segunda consonante final ㅅ pasa a la siguiente sílaba. Además, ㄱ, ㄷ, ㅂ, ㅅ, ㅈ que vayan conectados después de la sílaba que termine en [ㄱ, ㄷ, ㅂ] se pronuncian como [ㄲ, ㄸ, ㅃ, ㅆ, ㅉ]. En el ejemplo anterior, ㅅ se pronuncia como [ㅆ] debido a la consonante [ㅂ] de 없; por tanto, 없어요 se pronuncia como [업써요].

Pausa para el Café

Expresiones para hablar con el personal de un restaurante

Cuando pida una bebida o comida para llevar del restaurante, puede decir 가져갈 거예요 o 테이크아웃할 거예요. Si come en el restaurante y le sobran alimentos, puede decirle al personal 싸 주세요 o 포장해 주세요 (empáquelo, por favor).

Un vistazo a una cafetería coreana

Hay personas que conversan con otras personas tomando un café en las cafeterías de Corea, pero es común que las personas estudien o trabajen con sus propias computadoras portátiles también. El café en Corea no es barato, pero los estudiantes universitarios con poco dinero a menudo usan cafeterías en lugar de bibliotecas para leer o estudiar. Algunos dicen que el ruido blanco de un café es más útil para concentrarse que una biblioteca silenciosa, mientras que otros prefieren una cafetería agradable en lugar de una casa pequeña.

Una de las cosas que sorprende a los extranjeros en las cafeterías coreanas es que, cuando una persona que viene sola y se va por un rato para usar el baño, deja la computadora portátil en la que estaba trabajando en la mesa. Algunas personas no les piden a las personas que los rodean que vigilen sus computadoras portátiles, e incluso dejan computadoras portátiles y teléfonos celulares costosos en sus asientos y se van por más de 30 minutos. Sin embargo, lo que sorprende a los extranjeros es que nadie roba las computadoras portátiles y los teléfonos celulares de los asientos vacíos sin sus dueños. Los coreanos piensan que, si hay una computadora portátil,

teléfono, ropa de abrigo o bolso sobre la mesa de una cafetería, hay personas que usan este lugar, pero nadie toca el objeto ni se preocupa por él.

Algunas personas lo analizan como el comportamiento de los coreanos que están acostumbrados a la ausencia del delito en Corea, que cuenta con un alto nivel de seguridad en el mundo. Algunas personas analizan que a los coreanos no les interesan las cosas de otras personas. Lo importante, de todos modos, es que no tiene que empacar sus pertenencias para ir al baño en una cafetería en Corea.

Capítulo **4**

Adaptándose a la vida en Corea

수잔 피터스 (호주)
Susan Peters (Australia)

Capítulo 4

Adaptándose a la vida en Corea

En una tienda de electrónica

Comparando artículos electrónicos

더 싼 거 있어요?

¿Hay algo más barato?

Susan

Empleado de la tienda

Conversación

pista 099

수잔	선풍기 좀 보여 주세요.
직원	이거 어때요?
수잔	다른 디자인 없어요?
직원	그럼, 이거 어때요? 이 디자인이 인기가 많아요.
수잔	좀 비싸요. 더 싼 거 있어요?
직원	여기 있어요. 이게 제일 싼 거예요.
수잔	그래요? 좀 더 보고 올게요.

Susan	Enséñeme el abanico, por favor.
Empleado	¿Qué tal éste?
Susan	¿Tiene algún otro diseño?
Empleado	Entonces ¿qué tal éste? Este diseño es muy popular.
Susan	Es un poco caro. ¿Hay algo más barato?
Empleado	Aquí tiene. Este es el más barato.
Susan	¿De verdad? Veré un poco más.

▶ Nuevo vocabulario

선풍기 abanico, ventilador

다르다 otro, diferente

디자인 diseño

인기가 많다 muy popular

비싸다 costoso, caro

더 más

좀 un poco

싸다 barato

제일 indica un superlativo

오다 venir

▶ Nuevas expresiones

… 좀 보여 주세요.
Por favor, muéstreme ….

이거 어때요? ¿Qué tal esto?

다른 디자인 없어요?
¿Tiene algún otro diseño?

이 디자인이 인기가 많아요.
Este diseño es muy popular.

좀 비싸요. Es un poco caro.

더 싼 거 있어요? ¿Hay algo más barato?

이게 제일 싼 거예요.
Este es el más barato.

좀 더 보고 올게요. Veré un poco más.

▶ Acercamiento

❶ 좀
(por favor y un poco)

La palabra 좀 se puede utilizar con dos significados. El primero es para expresar cortesía y su traducción sería "por favor" en español. En esta conversación, "선풍기 좀 보여 주세요 (muéstreme un ventilador, por favor)" es su ejemplo. Por otra parte, el segundo es la abreviatura de 조금 (un poco) y se usa a menudo de forma coloquial. En esta conversación, "좀 비싸요" y "좀 더 보고 올게요" son los ejemplos correspondientes.

(Ej.) 바지가 좀 커요. 작은 바지 좀 보여 주세요.
Los pantalones son un poco grandes. Enséñeme unos más pequeños, por favor.

❷ El pronombre 거

거 es un pronombre que se utiliza en lugar de los sustantivos que ya hayan sido mencionados previamente, y se usa en entornos coloquiales. Se utiliza primero 싼 거 en la conversación en lugar de decir 싼 선풍기 (abanico barato). La forma original de la palabra es 것, pero se cambia a 거 para facilitar su pronunciación en el lenguaje hablado.

(Ej.) 가방이 너무 커요. 작은 거 (= 가방) 있어요?
La bolsa es demasiado grande. ¿Tiene una más pequeña?

Retrospectiva

• Adjetivos con significados opuestos

5,000원   2,000,000원

싸다 ↔ 비싸다
barato   caro

많다 ↔ 적다
mucho   poco

크다 ↔ 작다
grande   pequeño

키가 크다 ↔ 키가 작다
alto   bajo

같다 ↔ 다르다
igual   diferente

재미있다 ↔ 재미없다
divertido   aburrido

쉽다 ↔ 어렵다
fácil   difícil

춥다 ↔ 덥다
frío   caluroso

좋다 bueno ↔ 나쁘다 malo

깨끗하다 limpio ↔ 더럽다 sucio

편하다 cómodo ↔ 불편하다 incómodo

가볍다 ligero ↔ 무겁다 pesado

Enfoque Gramatical

Tabla gramatical **p.272**

보다 더 Comparativo y 제일, 가장 superlativo

A diferencia del inglés, en coreano, las partículas y adverbios se utilizan para crear niveles comparativos y superlativos. La calificación comparativa se expresa mediante el adverbio 더 después de agregar la partícula 보다 al objeto que se está comparando. Por ejemplo, para expresar qué ciudad hace más calor en verano entre Seúl y Busan, se elige Busan como tema, se agrega la palabra 보다 a Seúl para comparar, y luego se agrega el adverbio 더, seguido del adjetivo 더워요. Incluso si se omite el adverbio 더, se puede transmitir la idea de comparación.

여름에 부산이 서울보다 더 더워요.　　　Busan es más caluroso que Seúl en verano.

비빔밥이 불고기보다 (더) 맛있어요.　　　El bibimbap es más sabroso que el bulgogi.

El superlativo se expresa utilizando los adverbios 제일 o 가장. Por ejemplo, para expresar qué ciudad es la más calurosa en verano entre Seúl, Incheon o Busan, elija Busan como tema, y agregue los adverbios 제일 o 가장 antes de añadir el adjetivo 더워요.

월요일이 제일 바빠요.　　　El lunes es más concurrido.

축구가 가장 재미있어요.　　　El fútbol es lo más divertido.

La expresión 중에서 se utiliza para definir el objetivo de comparación. Por ejemplo, se puede decir usando un rango limitado, y añadir 중에서, para hablar específicamente el objeto de comparación A하고 B 중에서 (entre A y B).

A 봄하고 가을 중에서 뭐를 더 좋아해요?　　　¿Qué te gusta más, primavera u otoño?
B 봄을 더 좋아해요.　　　Me gusta más la primavera.

A 스포츠 중에서 뭐가 제일 재미있어요?　　　¿Cuáles son los deportes más divertidos?
B 축구가 제일 재미있어요.　　　Fútbol es el más divertido.

> **!** **¡Cuidado!**
> Preste atención a las vocales cuando use la palabra 더. Cuando las vocales se pronuncian diferente, el significado también cambia.
>
> Ej. 더 (más): 커피가 주스보다 더 싸요.　　　El café es más barato que el jugo.
> Ej. 다 (tanto A como B, ambos, todos): 고기하고 생선 다 좋아해요.　　　Me gusta tanto la carne como el pescado.
> Ej. 도 (y, además): 야채가 싸요. 그리고 물도 싸요.　　　Las verduras son baratas. Y el agua también.

Autoevaluación

1~3 Observe cada imagen y complete las oraciones.

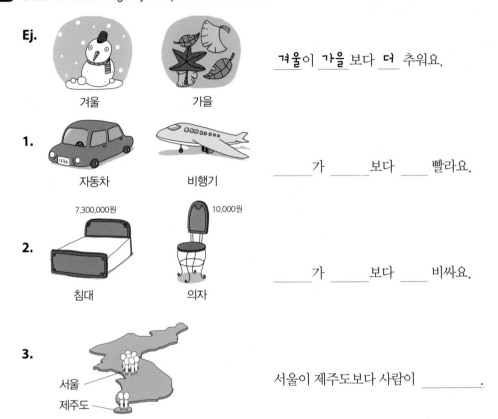

Ej.

겨울

가을

__겨울__이 __가을__ 보다 __더__ 추워요.

1.

자동차

비행기

_____가 _____보다 ____ 빨라요.

2.

7,300,000원

10,000원

침대

의자

_____가 _____보다 ____ 비싸요.

3.

서울

제주도

서울이 제주도보다 사람이 _____.

4~7 Elija la oración correcta de las opciones mostradas y complete la conversación.

4. A 여름하고 겨울 중에서 뭐가 (① 더 / ② 제일) 좋아요?

B 여름이 (① 더 / ② 제일) 좋아요.

5. A 진수하고 마크 중에서 누가 (① 더 / ② 제일) 키가 커요?

B 마크가 (① 더 / ② 제일) 키가 커요.

6. A 영화하고 음악하고 그림 중에서 뭐를 (① 더 / ② 제일) 좋아해요?

B 영화를 (① 더 / ② 제일) 좋아해요.

7. A 봄, 여름, 가을, 겨울 중에서 어떤 계절을 (① 더 / ② 제일) 좋아해요?

B 가을을 (① 더 / ② 제일) 좋아해요.

Respuestas **p.278**

Ensayo de gramática

pista **100**

더 –(으)ㄴ 거 있어요? Pidiendo algo adicional

너무 비싸요. 더 싼 거 있어요?	Es muy caro. ¿Hay algo más barato?
너무 커요. 더 작은 거 있어요?	Es demasiado grande. ¿Hay algo más pequeño?
너무 무거워요. 더 가벼운 거 있어요?	Es demasiado pesado. ¿Hay algo más ligero?
너무 어두워요. 더 밝은 거 있어요?	Está muy oscuro. ¿Hay algo más brillante?

이 중에서 뭐가 제일 …? Pidiendo información específica

이 중에서 뭐가 제일 싸요?	¿Cuál de estos es el más barato?
이 중에서 뭐가 제일 튼튼해요?	¿Cuál de estos es el más fuerte?
이 중에서 뭐가 제일 인기가 많아요?	¿Cuál de estos es el más popular?
이 중에서 뭐가 제일 후기가 좋아요?	¿Cuál de estos le gusta más?

Vocabulario adicional

• **Vocabulario relacionado a productos**

세일하다 rebaja
할인하다 descuento
포장하다 empacar
배달하다 servicio a domicilio
보증서 garantía
보증 기간 tiempo de garantía
서비스 센터 centro de servicio técnico

pista 101

다른 (sustantivo) **없어요?** Pidiendo algo más

이거 어때요?   ¿Qué tal esto?

➡ 다른 거 없어요?   ➡ ¿Tiene algo más?

➡ 다른 색 없어요?   ➡ ¿Tiene otros colores?

➡ 다른 모델 없어요?   ➡ ¿Tiene otros modelos?

➡ 다른 디자인 없어요?   ➡ ¿Tiene otros diseños?

(servicio) **돼요?** Preguntando por disponibilidad de servicio

카드 돼요?   ¿Puedo pagar con tarjeta?

➡ 네, 됩니다.   ➡ Sí, puede hacerlo.

포장 돼요?   ¿Puede empacarlo?

➡ 네, 됩니다.   ➡ Sí, es posible.

배달 돼요?   ¿Puede entregarlo a domicilio?

➡ 죄송합니다. 안 됩니다.   ➡ Lo siento. No es posible.

Consejos de pronunciación

많아요 [마나요]/**많고** [만코]

pista 102

Cuando la combinación ㄶ, ㅀ va seguida de una sílaba que comienza en vocal, la segunda ㅎ de la combinación ㄶ, ㅀ se omite y no se pronuncia. Entonces el primer ㄴ, ㄹ de la combinación ㄶ, ㅀ se pronuncia moviéndose a la siguiente silaba. En el primer ejemplo, se omite ㅎ de ㄶ en 많, mientras que la ㄴ se pasa a la siguiente silaba, dando como resultado que 많아요 se pronuncia [마나요]. Por otro lado, en el segundo ejemplo, si ㄱ, ㄷ, ㅈ se combina después de ㄶ en 많, la segunda consonante ㅎ se combina con ㄱ, ㄷ, ㅈ y se pronuncian como [ㅋ, ㅌ, ㅊ], dando como resultado que 많고 se pronuncia como [만코].

Pausa para el café

Expresiones útiles al comprar

Algunas personas compran algo cuando entran a la tienda, y otras simplemente miran alrededor y no compran. Si solo va a ver, diga 그냥 구경 좀 할게요 (solo echaré un vistazo) cuando ingrese por primera vez a la tienda. Puede navegar libremente por los artículos con la guía del personal. Si está buscando que quiera ver en detalle, dígale al personal OO 좀 보여 주세요 (muéstreme OO). Al igual que en la conversación, cuando salga sin comprar algo, puede decir 좀 더 보고 올게요 (veré más) o 다음에 올게요 (volveré la próxima vez).

Pronunciando el inglés coreano

Hay muchas palabras provenientes del inglés en el vocabulario coreano, y algunos extranjeros no pueden entender bien las palabras en inglés porque la pronunciación en inglés de los coreanos es muy diferente. Observar cómo los coreanos reconocen y pronuncian palabras en inglés ayudará a los extranjeros a comunicarse con los coreanos.

Primero, en coreano, las consonantes se combinan alrededor de las vocales para formar sílabas, por lo que los coreanos las pronuncian dividiendo las sílabas según las vocales. En otras palabras, debido a que las consonantes solas no se pueden pronunciar, se deben agregar vocales a las consonantes. Por ejemplo, si termina con una consonante "d" o "s", como "salad" o "christmas", se pronuncia como ㄷ o ㅅ agregando la vocal ㅡ a la consonante. Por lo tanto, al pronunciar "salad", las sílabas se dividen en función de las vocales, como sal–la–d, y vocales se agregan a las consonantes solas para pronunciarlas 샐러드. Al pronunciar "christmas", como ch–ri–s–ma–s, las sílabas se dividen en función de las vocales y se agregan vocales a las consonantes solas para pronunciar 크리스마스.

En segundo lugar, en inglés, los pares de consonantes "f"–"p", "b"–"v", "r"–"l" no se distinguen, por lo que "f" y "p" se pronuncia ㅍ, "b" y "v" se pronuncia ㅂ, y "r" y "l" se pronuncia ㄹ. Debido a esto, en inglés, tanto "fan" como "pan", cuya pronunciación es completamente diferente, se pronuncian como 팬 en coreano. "Fi" de la palabra "wi-fi" que se pronuncia como 와이파이, y "pie" que se pronuncia como 파이 usan el mismo sonido ㅍ. Asimismo, dado que no hay distinción entre "b" y "v", "vox" y "box" se pronuncian como 박스. Dado que no hay distinción entre "r" y "l", "reader" se pronuncia 리더 y "leader" se pronuncia como 리더, con el mismo sonido ㄹ.

En tercer lugar, en inglés, al pronunciar palabras, el tono fuerte y débil se logran claramente, pero en coreano, no hay un acento especial, por lo que todas las sílabas se pronuncian con la misma longitud y velocidad. Por ejemplo, "Macdonald" se divide en mac–do–nal–d y se pronuncia 맥도날드 dividiéndolo con la misma longitud y velocidad sin estrés. "Starbucks" también se divide en s–tar–buck–s y se pronuncia 스타벅스 sin entonación.

Además, hay casos en que la palabra en inglés se tradujo al coreano, y se tradujo de regreso de coreano a inglés. Por ejemplo, en coreano, "Warranty Service" se dice 애프터서비스, que viene de "After service". "Signature" se dice 사인, que viene de "Sign", "Mobile Phone" se dice 핸드폰, que viene de "Hand–phone", y "bottoms up" se dice 원샷, que viene de "one shot", para cuando se bebe algo de una sola vez.

Familiarizarse con las palabras extranjeras coreanas significa acostumbrarse a la pronunciación del coreano. Divirtámonos leyendo letreros en las calles de Corea.

En un salón de belleza

Corte de cabello

너무 짧지 않게 잘라 주세요

No lo corte demasiado, por favor

Susan

Estilista del salón de belleza

직원	어서 오세요. 여기 앉으세요.
수잔	감사합니다.
직원	머리를 어떻게 할까요?
수잔	너무 짧지 않게 잘라 주세요.
직원	어느 정도로 잘라 드릴까요?
수잔	*(mientras marca la longitud con los dedos)* 이 정도요.
직원	네, 앞머리는 어떻게 할까요?
수잔	앞머리는 자르지 마세요.
직원	알겠습니다.

Estilista	Bienvenida. Por favor, siéntese aquí.
Susan	Gracias.
Estilista	¿Cómo desea su cabello?
Susan	No lo corte muy corto, por favor
Estilista	¿Hasta qué punto le gustaría que lo corte?
Susan	*(mientras marca la longitud con los dedos)* Hasta aquí.
Estilista	Sí, ¿cómo desea el flequillo?
Susan	No corte el flequillo, por favor.
Estilista	Entendido.

▶ Nuevo vocabulario

머리 cabello

너무 muy

짧다 corto

않다 no

자르다 cortar

어느 cuál

정도 punto

앞머리 flequillo

▶ Nuevas expresiones

머리를 어떻게 할까요?
¿Cómo desea su cabello?

잘라 주세요. Córtelo, por favor.

어느 정도로 잘라 드릴까요?
¿Hasta qué punto le gustaría que lo corte?

이 정도요. Hasta aquí.

앞머리는 어떻게 할까요?
¿Cómo desea el flequillo?

자르지 마세요. No corte, por favor.

▶ Acercamiento

❶ –(으)ㄹ까요?

(para preguntar gentilmente la intención de otra persona)

–(으)ㄹ까요? Es un patrón de oración que se utiliza para preguntar se forma gentil la intención de la otra persona, y es una expresión cortés. Incluso si no usa este patrón, la expresión cortés se satisface, pero al usarlo, se demuestra una actitud amable ante la otra persona. En la conversación, 머리를 어떻게 할까요? (¿cómo desea su cabello?) tiene el mismo significado que 머리를 어떻게 해요?, pero en este caso el estilista utilizó –(으)ㄹ까요?, para preguntar cuidadosamente sobre la intención del cliente.

Ej. A 앞머리를 자를까요? ¿Desea que corte el flequillo?

B 네, 조금 잘라 주세요. Sí, recórtelo un poco.

❷ 이 정도

(para cuando se usa la mano para indicar la cantidad aproximada o el nivel)

이 정도 es una expresión que se usa cuando se usan los dedos pulgar e índice para expresar una cierta cantidad o nivel fácilmente. En esta conversación, cuando se le pregunto cuánto cabello cortar, Susan mostró la longitud usando sus dedos mientras dice 이 정도. Si desea aproximar una cierta cantidad o longitud, se utiliza esta expresión de manera casual.

Retrospectiva

• Verbos Irregulares 1: Forma 으 y 르

1. Forma 으

Si la raíz de un verbo o un adjetivo termina con —, siempre se elimina el — de la sílaba de la raíz, cuando su conjugación empieza con una vocal (por ejemplo: –아요 o –어요), y siempre se omite el — de la sílaba de la raíz.

- 모으다 (coleccionar): 모으 + –아요 → 모 + –아요 → 모아요

  Ej. 저는 우표를 모아요. Yo colecciono sellos.

- 슬프다 (triste): 슬프 + –어요 → 슬ㅍ + –어요 → 슬퍼요

  Ej. 친구하고 헤어져서 슬퍼요. Estoy triste porque me separé de mi amigo.

2. Forma 르

Cuando la raíz de un verbo termina con 르, antes de agregar –아/어, la vocal — se elimina y una ㄹ se añade a la sílaba precedente a la ㄹ original. Entonces la conjugación regular se añade normalmente (por ejemplo: –아/어요, –았/었어요).

- 다르다 (diferente): 다르 + –아요 → 다르 + –아요 → 달르 + –아요 → 달라요

  Ej. 한국어는 영어하고 너무 달라요. El coreano es muy diferente del inglés.

- 부르다 (cantar): 부르 + –었어요 → 부르 + –었어요 → 불르 + –었어요 → 불렀어요

  Ej. 어제 친구하고 한국 노래를 불렀어요. Ayer canté una canción coreana con mi amigo.

Enfoque Gramatical

–게 Transformando un adjetivo en adverbio

–게 se usa para modificar específicamente una acción o estado adjuntándolo a la raíz de un adjetivo y convirtiéndolo en adverbio. –게 se usa si la raíz del adjetivo termina ya sea con vocal o consonante. Por ejemplo, para decir "caro" como adverbio, escriba 비싸게, añadiendo la terminación –게 al adjetivo 비싸다.

크다	크게 말해 주세요.	Hable fuerte.
슬프다	여자가 슬프게 울었어요.	La mujer lloró tristemente.
반갑다	저는 친구하고 반갑게 인사했어요.	Saludé amistosamente a mi amigo.
깨끗하다	어제 방을 깨끗하게 청소했어요.	Ayer ordené limpiamente la habitación.
쉽다	쉽게 문제를 해결했어요.	Resolví el problema fácilmente.

Puede enfatizar el significado de un adverbio escribiendo un adverbio que exprese el grado, como 아주 (muy, mucho), 정말 (realmente), 너무 (demasiado).

남자가 아주 거만하게 말했어요.	Dijo el hombre con mucha arrogancia.
친구하고 정말 맛있게 음식을 먹었어요.	Tuve una muy buena comida con mi amigo.
여자 친구하고 너무 쉽게 헤어졌어요.	Rompí con mi novia muy fácilmente.

Cuando modifique una acción o estado enumerando dos o más adverbios, conecte el adverbio y el adverbio con –고 y utilícelo de la siguiente manera.

시골에 가서 여름 방학을 재미있고 알차게 보냈어요.
Fui al campo y pasé unas vacaciones de verano divertidas y satisfactorias.

> **! ¡Cuidado!**
>
> Cuando algunos adjetivos se usan como adverbios, –게 no se combina, sino que el adverbio se hace de forma especial. Los siguientes son adverbios excepcionales que se usan a menudo.
>
> 많다 → 많이: 점심을 너무 많이 먹었어요. Comí demasiado en el almuerzo.
> 빠르다 → 빨리: 지금 빨리 가야 돼요. Ahora tengo que irme rápido.
> 멀다 → 멀리: 회사에서 멀리 살아요. Vivo lejos de la empresa.

Autoevaluación

1~4 Observe cada imagen y elija la oración correcta de las opciones mostradas.

> ㉠ 조용하게 말해 주세요　　　　㉡ 맵게 만들어 주세요
>
> ㉢ 건강하게 잘 지내세요　　　　㉣ 다른 의자에 편하게 앉으세요

1.

2.

3.

4.

5~8 Use −게 con los adjetivos mostrados para completar las siguientes oraciones.

Ej. 수잔이 ___예쁘게___ 화장했어요.
(예쁘다)

5. 수잔이 매일 _____ 일해요.
(바쁘다)

6. 수잔이 케이크를 _____ 만들었어요.
(크다)

7. 수잔이 머리를 _____ 자르고 싶어요.
(짧다)

8. 수잔이 문제를 _____ 해결했어요.
(쉽다)

Respuestas **p.278**

Ensayo de gramática

pista 104

-게 -아/어 주세요 Solicitando específicamente

크게 말해 주세요.	Hable fuerte, por favor.
맵게 만들어 주세요.	Hágalo picante, por favor.
따뜻하게 빵을 데워 주세요.	Cocine el pan caliente, por favor.
시원하게 에어컨을 틀어 주세요.	Encienda frío el aire acondicionado, por favor.

너무 -지 않게 잘라 주세요 Solicitando específicamente

너무 짧지 않게 잘라 주세요.	No lo corte muy corto.
너무 크지 않게 잘라 주세요.	Córtelo para que no sea demasiado grande.
너무 길지 않게 잘라 주세요.	No lo corte demasiado.
너무 두껍지 않게 잘라 주세요.	Córtelo de forma que no quede grueso.

Vocabulario adicional

• **Vocabulario relacionado con el salón de belleza**

자르다 cortar
다듬다 podar
파마하다 permanente
염색하다 teñir
기본 요금 tarifa básica
추가 요금 recargo

자르다

파마하다

Ensayo de conversación

pista **105**

(pronombre interrogativo) –(으)ㄹ까요? Preguntando cuidadosamente la opinión de otra persona

몇 시에 연락할까요? — ¿A qué hora debo contactarlo?

➥ 저녁 6시에 연락해 주세요. — ➥ Por favor, llámeme a las 6 en punto.

이 물건을 어디에 놓을까요? — ¿Dónde puedo poner estas cosas?

➥ 여기에 놓아 주세요. — ➥ Póngalas aquí, por favor.

이 음식을 어떻게 할까요? — ¿Qué hago con esta comida?

➥ 냉장고에 넣어 주세요. — ➥ Póngala en el refrigerador.

이게 … 뭐예요? Pidiendo el significado

이게 영어로 뭐예요? — ¿Cómo se dice esto en inglés?

이게 한국어로 뭐예요? — ¿Cómo se dice esto en coreano?

이게 무슨 의미예요? — ¿Qué significa esto?

이게 무슨 뜻이에요? — ¿Qué quiere decir esto?

Consejos de pronunciación

pista **106**

어떻게 [어떠케]

Cuando ㄱ, ㄷ, ㅈ se combinan después de la consonante ㅎ; ㄱ, ㄷ, ㅈ se combinan con ㅎ y se pronuncian [ㅋ, ㅌ, ㅊ]. En el ejemplo, 어떻게 tiene la sílaba 떻, que termina en ㅎ, y es seguida de ㄱ, por lo que ésta última se pronuncia [ㅋ]. Finalmente 어떻게 se pronuncia como [어떠케].

예 이렇다 [이러타]   그렇죠 [그러쵸]

☕Pausa para el Café

Expresando el peinado que desea

Puede resultar difícil ir a un salón de belleza coreano y describir el peinado en coreano en detalle. Si es así, pídale al personal del salón de belleza que le muestre fotos o revistas con diferentes peinados para elegir. O busque una foto del peinado que desea, enséñesela al estilista y diga 이렇게 해 주세요 (lo quiero así, por favor). Al expresar la longitud del cabello, puede utilizar su mano para decir 이 정도, y al expresar la forma, puede usar su mano y decir 이렇게 (así).

Belleza coreana

Cualquier mujer se preocupará por su piel, pero las mujeres coreanas se preocupan por el cuidado de la piel de una manera especial para mantener una piel sana. Además, en Corea, la gente prefiere la piel blanca como el jade blanco a la piel bronceada, por lo que no descuidan sus esfuerzos por mantener una piel clara. El protector solar es esencial en pleno verano cuando el sol brilla, y es común que las mujeres jóvenes usen sombrillas para proteger su piel de los fuertes rayos ultravioleta. En Corea, donde 동안 (rostro de aspecto joven) es el centro de atención, no es fácil reconocer la edad de una mujer solo por su apariencia.

Los cosméticos coreanos, conocidos como "Belleza coreana", también son un excelente ejemplo de cuánto se preocupan los coreanos por su apariencia. Los cosméticos coreanos enfatizan la piel transparente brillante en lugar de los tonos coloridos, con una variedad de productos diseñados para corregir el color de la piel y cubrir los defectos. Además, el rango de precios varía desde productos para adolescentes que carecen de dinero para gastos de bolsillo hasta mujeres elegantes de carrera de 30 a 40 años. En estos días, hay cosméticos para hombres jóvenes que se preocupan por su piel, e incluso las tiendas de cosméticos venden cosméticos para soldados en el ejército. En el entrenamiento militar, el color protector que se aplica en el rostro también es un cosmético elaborado con ingredientes beneficiosos para la piel.

El cuidado de la piel y la cirugía plástica son comunes en Corea. Si va a Gangnam, un barrio adinerado de Seúl, encontrará dermatólogos y clínicas de cirugía plástica para aquellos que invierten en apariencia. Esto significa que hay muchas personas que quieren imitar el aspecto de las celebridades coreanas, como actores de cine, actores de drama y cantantes. Recientemente, cada vez más clientes extranjeros visitan

dermatólogos y clínicas de cirugía plástica en Corea. ¿Quién no quiere ser joven y lucir bien? En la sociedad coreana, Belleza coreana puede entenderse como una expresión del deseo de las personas de lucir bien.

En el gimnasio

Consultando información

토요일에 하지만
일요일에 쉽니다

Abrimos los sábados, pero cerramos los domingos

Susan

Empleado del Gimnasio

Conversación

수잔	다음 달부터 운동하려고 해요. 한 달에 얼마예요?
직원	한 달에 10만 원입니다.
수잔	몇 시부터 몇 시까지 해요?
직원	아침 6시부터 밤 10시까지 합니다.
수잔	토요일에도 하죠?
직원	네, 토요일에 하지만 일요일에 쉽니다.
수잔	안을 볼 수 있어요?
직원	그럼요, 이쪽으로 오세요.

Susan	Quisiera hacer ejercicio desde el próximo mes. ¿Cuánto cuesta por mes?
Empleado	100,000 wones al mes.
Susan	¿Desde qué hora hasta qué hora está abierto?
Empleado	Desde las 6 de la mañana hasta las 10 de la noche.
Susan	¿Abre también el sábado?
Empleado	Sí, abrimos los sábados, pero cerramos los domingos.
Susan	¿Puedo ver el interior?
Empleado	Claro, venga por aquí.

▶ Nuevo vocabulario

다음 달 próximo mes

부터 desde

운동하다 hacer ejercicio

하다 hacer

아침 mañana

밤 noche

토요일 sábado

일요일 domingo

쉬다 descansar

안 interior, dentro

▶ Nuevas expresiones

한 달에 얼마예요?
¿Cuánto cuesta por mes?

몇 시부터 몇 시까지 해요?
¿Desde qué hora hasta qué hora está abierto?

토요일에도 하죠?
¿Abre también el sábado?

안을 볼 수 있어요?
¿Puedo ver el interior?

이쪽으로 오세요.
Venga por aquí.

▶ Acercamiento

① La partícula 부터 y 까지

(para expresar tiempo de inicio y final)

La partícula 부터 denota el tiempo de inicio de un suceso, y la partícula 까지 denota el tiempo de finalización. En esta conversación, cuando se preguntó acerca del horario de funcionamiento del gimnasio, se dijo 아침 6시부터 밤 10시까지 para expresar que comienza a las 6 de la mañana y termina a las 10 de la noche. A diferencia de los intervalos de tiempo, las partículas 에서 y 까지 se usan para determinar los lugares de inicio y final.

Ej. 월요일부터 금요일까지 아르바이트해요.
Trabajo a medio tiempo de lunes a viernes.

Ej. 서울에서 부산까지 기차로 가요.
Voy en tren de Seúl a Busan.

② –죠?

(para comprobar información)

–죠? Es una expresión coloquial que se usa para confirmar que el oyente ya sabe lo que dice el hablante, y se usa con el tono del final de la oración ligeramente elevado. –죠? Se combina con verbos y adjetivos, y se usa de la misma forma si la raíz termina ya sea en vocal o en consonante. La forma original es –지요?, pero cuando se habla en la vida diaria se usa –죠?.

Ej. A 거기 마크 씨 집이죠?   ¿Es esta la casa de Mark?

B 네, 맞아요.   Sí, es correcto.

Retrospectiva

• Días y semanas

La siguiente tabla muestra los días de la semana.

◄———————— 주중 semana ————————►◄———— 주말 fin de semana ————►

월요일	**화**요일	**수**요일	**목**요일	**금**요일	**토**요일	**일**요일
lunes	martes	miércoles	jueves	viernes	sábado	domingo

휴일 (Vacaciones) días libres sin trabajo 평일 (Días entre semana) días regulares que no son feriados

첫째 주: primera semana •

둘째 주: segunda semana •

셋째 주: tercera semana •

넷째 주: cuarta semana •

다섯째 주: quinta semana •

• 지난주: la semana pasada

• 이번 주: esta semana

• 다음 주: la próxima semana

Enfoque Gramatical

Tabla gramatical **p.272**

−지만 Sin embargo, …

−지만 se usa cuando se quiere decir algo opuesto a lo anterior. −지만 es una expresión gramatical que conecta dos oraciones opuestas con el adverbio conjuntivo 그렇지만 o 하지만 en una sola oración. −지만 se puede usar con verbos o adjetivos. Ya sea que la raíz del verbo o adjetivo termine con una vocal o una consonante, se agrega −지만 en ambos casos.

비싸다	이 식당은 비싸지만 맛이 없어요.
	Este restaurante es caro, pero de mal gusto.

좋다	오늘 날씨가 좋지만 어제 날씨가 안 좋았어요.
	Hoy hace buen tiempo, pero ayer estuvo malo.

있다	한국 친구가 있지만 자주 만날 수 없어요.
	Tengo amigos coreanos, pero no puedo verlos a menudo.

먹다	저는 생선을 먹지만 고기를 안 먹어요.
	Como pescado, pero no como carne.

어렵다	한국어 공부가 어렵지만 재미있어요.
	Estudiar coreano es difícil, pero es divertido.

싶다	그 영화를 보고 싶지만 시간이 없어요.
	Quiero ver la película, pero no tengo tiempo.

Cuando se expresa el evento o estado en tiempo pasado, la marca de tiempo pasado −았/었− se combinan con 지만, para dar como resultado −았/었지만.

작다	어렸을 때 키가 작았지만 지금은 키가 커요.
	Cuando era joven era bajo, pero ahora soy alto.

보다	영화를 봤지만 제목이 생각 안 나요.
	Vi una película, pero no puedo recordar el título.

먹다	아까 점심을 먹었지만 배가 고파요.
	Almorcé hace rato, pero tengo hambre.

Autoevaluación

1~4 Elija la oración correcta y complete la oración.

1. 시간이 있지만 ① 돈이 있어요.
② 돈이 없어요.

2. 한국 음식을 좋아하지만 ① 김치를 먹을 수 있어요.
② 김치를 먹을 수 없어요.

3. 어제 친구를 기다렸지만 ① 친구가 왔어요.
② 친구가 안 왔어요.

4. 부산에 안 갔지만 ① 제주도에는 갔어요.
② 제주도에는 안 갔어요.

5~9 Conecte las oraciones usando −지만.

5. 이 구두가 정말 <u>멋있어요</u>. <u>하지만</u> 너무 비싸요.
→

6. 한국어를 많이 공부하고 <u>싶어요</u>. <u>하지만</u> 시간이 없어요.
→

7. 비빔밥이 <u>매워요</u>. <u>하지만</u> 맛있어요.
→

8. 어제 숙제를 <u>했어요</u>. <u>하지만</u> 안 가져 왔어요.
→

9. 약을 <u>먹었어요</u>. <u>하지만</u> 효과가 없어요.
→

Respuestas **p.278**

Ensayo de gramática

pista 108

−지만 Diciendo lo contrario

2층에 남자 화장실이 없지만 여자 화장실이 있어요.

No hay baños para hombres en el segundo piso, pero hay baños para mujeres.

주말에 사람이 많지만 평일에 사람이 많지 않아요.

Hay mucha gente el fin de semana, pero no mucha gente los días entre semana.

평일에 일찍 일어나지만 주말에 늦게 일어나요.

Entre semana, me levanto temprano, pero me levanto tarde los fines de semana.

−았/었지만 Diciendo algo contrario a las expectativas

운동했지만 살이 안 빠져요.

Hago ejercicio, pero no estoy perdiendo peso.

밥을 먹었지만 아직도 배고파요.

Comí, pero todavía tengo hambre.

커피를 마셨지만 자고 싶어요.

Bebí café, pero tengo sueño.

한국어를 공부했지만 아직 어려워요.

Estudié coreano, pero sigue siendo difícil.

Vocabulario adicional

• **Vocabulario relacionado con el ejercicio**

탈의실 cambiador
샤워실 duchas
사물함 (로커) casillero (locker)
운동복 ropa de deporte
운동화 zapatos deportivos
수건 toalla

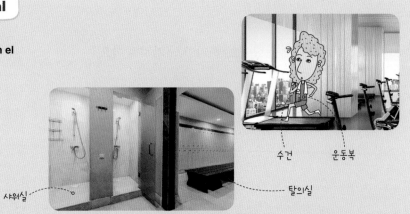

Ensayo de conversación

pista 109

(tiempo)부터 (tiempo)까지 Al hablar de periodos de tiempo

언제부터 언제까지 휴가예요?

¿Cuándo son sus vacaciones?

➡ 수요일부터 금요일까지
휴가예요.

➡ Las vacaciones son desde este miércoles
hasta el viernes.

며칠부터 며칠까지 여행 가요?

¿Qué días viaja?

➡ 23일부터 26일까지 여행 가요.

➡ Viajo desde el día 23 hasta el día 26.

몇 시부터 몇 시까지 가게를 해요?

¿Hasta qué hora se puede comprar en la tienda?

➡ 아침 9시부터 저녁 8시까지 해요.

➡ Abrimos desde las 9 de la mañana hasta las 8
de la noche.

-죠? Comprobando

주말에 사람이 많지요?

Hay mucha gente el fin de semana, ¿verdad?

➡ 네, 주말에 사람이 많아요.

➡ Sí, hay mucha gente los fines de semana.

사물함이 있죠?

¿Hay casilleros?

➡ 네, 사물함이 있어요.

➡ Sí, hay casilleros.

휴일에 문을 닫죠?

¿Cierra los días festivos?

➡ 네, 휴일에 문을 닫아요.

➡ Sí, cerramos los días festivos.

Consejos de pronunciación

pista 110

몇 시 [면 씨]

Las consonantes finales ㄷ, ㅌ, ㅅ, ㅈ, ㅊ, ㅎ se pronuncian
como [ㄷ], por lo que 몇 se pronuncia como [면]. Si el sonido
final [ㄱ, ㄷ, ㅂ] va acompañado de las consonantes ㄱ, ㄷ, ㅂ,
ㅅ, ㅈ, éstas se pronuncian [ㄲ, ㄸ, ㅃ, ㅆ, ㅉ]. Finalmente si [면]
es seguido de 시, la consonante ㅅ se pronuncia como [ㅆ].

예 **몇 분** [면 뿐] **몇 장** [면 짱]

Pausa para el café

Expresiones que indican períodos de tiempo

En la Escena 7, se aprendió 에 para expresar
rangos de tiempo. En la conversación anterior,
se expresó como 한 달에 10만 원이에요 (son
100,000 wones al mes) haciendo referencia al
monto correspondiente a un mes. Si paga la
misma cantidad todos los meses, puede decir
매달, como en el ejemplo 매달 10만 원이에요.
Es útil conocer palabras como 매일 (todos los
días), 매주 (cada semana), 매달 (cada mes),
매년 (anualmente).

Días festivos y feriados públicos coreanos

Los días festivos y feriados públicos coreanos se establecen cada año. Excepto en algunos casos, los coreanos no toman descansos separados cuando los fines de semana y las fechas festivas se superponen, por lo que los coreanos verifican los días festivos marcados en rojo cuando el calendario sale cada año nuevo. Veamos los días festivos coreanos y los feriados públicos

Los días festivos coreanos incluyen Seollal y Chuseok, y dado que ambos se basan en el calendario lunar, Seollal (1 de enero del calendario lunar) y Chuseok (15 de agosto del calendario lunar) tienen fechas diferentes cada año. Para el día de Seollal y Chuseok, básicamente, el día anterior y el día siguiente también son festivos, por lo que la gente se toma 3 días libres.

Los feriados públicos, excepto los feriados nacionales de Corea, conmemoran ciertos días históricos o religiosos. Los feriados públicos coreanos se presentan en orden cronológico de la siguiente manera.

- 양력설 (1 de enero del calendario solar): el día en que comienza el año nuevo en el calendario solar.
- 삼일절 (3 de marzo en el calendario solar): un día para conmemorar el movimiento de independencia, al que se unió la gente a gran escala, pidiendo la independencia durante el período de ocupación japonesa en 1919.
- 석가탄신일 (8 de abril del calendario lunar): el día en que nació Buda.
- 어린이날 (5 de mayo en el calendario solar): un día en el que las familias pasan tiempo juntas celebrando a los niños.
- 현충일 (6 de junio en el calendario solar): un día en honor a quienes dieron su vida por el país.
- 광복절 (15 de agosto en el calendario solar): día para conmemorar la liberación del período colonial japonés y la recuperación del poder nacional (15 de agosto de 1945).
- 개천절 (3 de octubre en el calendario solar): día para conmemorar la apertura del mito fundador de Corea hace unos 5000 años.
- 한글날 (9 de octubre en el calendario solar): día para conmemorar la promulgación del hangul por el rey Sejong de Joseon (1946).
- 성탄절 (25 de diciembre en el calendario solar): el día en que nació el Jesús cristiano.

En la oficina de correos

Enviando un paquete

비행기로 보내시겠어요?

¿Desea enviarlo por avión?

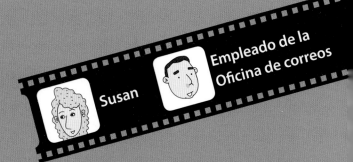

Susan

Empleado de la Oficina de correos

Conversación

수잔	택배를 보내고 싶어요.
직원	어디로 보내실 거예요?
수잔	호주로 보낼 거예요.
직원	택배를 비행기로 보내시겠어요? 배로 보내시겠어요?
수잔	시간이 얼마나 걸려요?
직원	비행기는 3~4일, 배는 1~2달쯤 걸려요.
수잔	그럼, 비행기로 보낼게요.
직원	알겠습니다.

Susan	Quisiera enviar un paquete.
Empleado	¿Dónde desea enviarlo?
Susan	Lo envío a Australia.
Empleado	¿Le gustaría enviarlo por avión, o por barco?
Susan	¿Cuánto tiempo se demora?
Empleado	Por avión tarda entre 3 y 4 días, y por barco de 1 a 2 meses.
Susan	Entonces, lo enviaré por avión.
Empleado	Entendido.

▶ Nuevo vocabulario

택배 paquete

보내다 enviar

호주 Australia

비행기 avión

배 barco

걸리다 demorar

은/는 la partícula

일 día

▶ Nuevas expresiones

어디로 보내실 거예요?
¿Dónde desea enviarlo?

비행기로 보내시겠어요?
¿Le gustaría enviarlo por avión?

배로 보내시겠어요?
¿Le gustaría enviarlo por barco?

시간이 얼마나 걸려요?
¿Cuánto tiempo se demora?

비행기로 보낼게요.
Lo enviaré por avión

▶ Acercamiento

❶ La partícula 은/는 (para enfatizar una comparación)

La partícula 은/는 se refiere al significado de un tema en contraste con otro. Por lo general, 은/는 se usa después del objeto a contrastar para enfatizar el significado de contraste. Cuando un sustantivo termina con una vocal, se utiliza 는, mientras que si termina en consonante, se usa 은. En esta conversación, se escribió 은/는 para contrastar entre envío por avión o por barco. Se puede decir que 은/는 se usa para enfatizar del mismo modo que en inglés se eleva ligeramente el tono de voz mientras se señala al comparar.

(Ej.) 한국 사람은 매운 음식을 잘 먹는데 제 한국 친구는 매운 음식을 잘 못 먹어요.
Los coreanos comen con agrado la comida picante, pero mi amigo coreano no es bueno comiendo picante.

❷ El modo de al leer periodos de tiempo
(Cómo escribir periodos de 3–4 días o 1–2 meses)

Al leer periodos de tiempo, el número escrito antes de 일 (día), 주 (semana), 년 (año), se lee como un número de caracteres chinos, y el número que va antes de 달 (mes) se lee con números coreanos. Al leer números consecutivos, como la conversación, se dice 3–4일 (삼사 일) o 1–2달 (한두 달). Si no son número continuos, puede usar la expresión 에서 y leer 3–7일 (삼일에서 칠일) o 2–5달 (두 달에서 다섯 달).

(Ej.) 일주일에 2–3번 (두세 번) 운동해요.
Hago ejercicio 2–3 veces por semana.

(Ej.) 배로 3–5달 (세 달에서 다섯 달)쯤 걸려요.
Tarda de 3 a 5 meses.

Retrospectiva

• Leyendo fechas

En coreano, al leer fechas, use caracteres chinos. Sin embargo, a diferencia del español en coreano, al leer una fecha, se lee de unidades grandes a pequeñas, como 년/월/일 (año/mes/día).

año	mes	día
2021년	10월	10일
이천이십일 년	시 월	십오 일

월 mes

1월	2월	3월	4월
5월	*6월	7월	8월
9월	*10월	11월	12월

▶ **Excepción**
*6월(유월), *10월(시월)

(!) **¡Cuidado!**
A diferencia del español, en coreano, el año no se lee de dos en dos dígitos.
Ej. 1973년: "19" "73" (x) → 천구백칠십삼 년 (O)

(!) **¡Cuidado!**
Tenga en cuenta la siguiente pronunciación.
6(육)년 [융년]   8(팔)년 [팔련]   10(십)년 [심년]

Enfoque Gramatical

Tabla gramatical **p.273**

–겠– y –(으)ㄹ게요 Haré...

–겠– se usa para expresar la intención o voluntad del hablante. –겠– se combina con un verbo, y si la raíz termina con una vocal o consonante, –겠– se une a la raíz del verbo. Dado que –겠– se usa en oraciones donde no se expresa el sujeto de la oración, se supone que el sujeto es siempre 저는 o 제가 (yo).

| 시작하다 | 오늘부터 운동을 시작하겠어요. | Empezaré a hacer ejercicio a partir de hoy. |
| 읽다 | 앞으로 매일 30분씩 책을 읽겠습니다. | De ahora en adelante, leeré 30 minutos al día. |

–겠– indica la intención del hablante en oraciones regulares, mientras que indica la intención del oyente cuando se pregunta. Cuando se pregunta acerca de las intenciones de alguien que es mayor o de nivel superior que el hablante, por ejemplo, cuando un empleado trata a un cliente, la partícula –(으)시– se combina con –겠– para expresar respeto, y se pregunta con la forma –(으)시겠어요?. Cuando la raíz de un verbo termina en vocal, se usa –시겠어요?, mientras que si termina en consonante, se añade –으시겠어요?. –(으)시겠어요? Se dice levantando el tono de voz al final de la pregunta. Al responder este tipo de preguntas, se usa –겠–. En la vida cotidiana, a menudo se usa –(으)ㄹ게요 en su lugar. En este caso, cuando la raíz del verbo termina en vocal se usa –ㄹ게요, y cuando termina en consonante se usa –을게요.

보다	A 어떤 영화를 보시겠어요?	¿Qué tipo de película le gustaría ver?
	B 저는 코미디 영화를 보겠어요. (= 볼게요)	Voy a ver una película de comedia.
앉다	A 소파에 앉으시겠어요?	¿Le gustaría sentarse en el sofá?
	B 아니요, 저는 의자에 앉겠어요. (= 앉을게요)	No, me sentaré en la silla.

Algunos verbos (먹다(comer), 마시다(beber), 있다(tener), 자다(dormir), 말하다(hablar)) se combinan con –(으)시– de forma especial para significar respeto.

| 먹다 | A 어떤 걸로 드시겠어요? | ¿Qué le gustaría comer? |
| | B 저는 불고기를 먹겠어요. (= 먹을게요.) | Comeré bulgogi |

> ⚠ **¡Cuidado!**
> –(으)ㄹ게요 estudiado aquí y –(으)ㄹ 거예요 para tiempo futuro son similares en su escritura, pero tienen significados diferentes. –(으)ㄹ 거예요 describe lo que sucederá en el futuro y se usa cuando se habla de un plan o programa. Por otro lado, –(으)ㄹ게요 indica la intención o voluntad del hablante y se usa para expresar la determinación del hablante o al hacer una cita con otra persona..
>
> Ej. 제가 커피를 살게요.   Compraré café.
> Ej. 내일 저는 친구한테 커피를 살 거예요.   Mañana le compraré un café a mi amigo.

Autoevaluación

1~4 Complete la oración usando –겠– o –(으)ㄹ게요.

Ej. 저는 이제부터 한국어를 열심히 <u>**공부하겠습니다/공부할게요**</u>.

(공부하다)

1. 저는 매일 아침에 일찍 ＿＿＿＿＿＿＿.

(일어나다)

2. 앞으로 채소를 많이 ＿＿＿＿＿＿＿.

(먹다)

3. 이제부터 열심히 책을 ＿＿＿＿＿＿＿.

(읽다)

4. 한국 사람하고 영어로 ＿＿＿＿＿＿＿.

(말하지 않다)

5~8 Observe la imagen y complete la conversación usando –(으)시겠어요?.

5.

A 어떤 색 가방을 ＿＿＿＿＿＿?
B 저는 빨간색 가방을 살게요.

6.

A 어떤 옷을 ＿＿＿＿＿＿?
B 양복을 입을게요.

7.

A 어떤 영화를 ＿＿＿＿＿＿?
B 저는 이 영화를 볼게요.

8.

A 뭐 ＿＿＿＿＿＿?
B 저는 커피를 마실게요.

Respuestas **p.278**

Ensayo de gramática

pista 112

–(으)시겠어요?, –(으)ㄹ게요 Preguntando y respondiendo intenciones

무슨 커피를 드시겠어요? ¿Qué café le gustaría?

➥ 따뜻한 커피를 마실게요. ➥ Beberé café caliente.

무슨 영화를 보시겠어요? ¿Qué película le gustaría ver?

➥ 코미디 영화를 볼게요. ➥ Veré una película de comedia.

무슨 음악을 들으시겠어요? ¿Qué tipo de música le gustaría escuchar?

➥ 한국 음악을 들을게요. ➥ Escucharé música coreana.

다음에 –(으)ㄹ게요 Concertando una cita con otra persona

감사합니다. 다음에 제가 밥을 살게요. Gracias. Le invitaré a comer la próxima vez.

감사합니다. 다음에 제가 집에 초대할게요. Gracias. Le invitaré a casa la próxima vez.

미안합니다. 다음에 늦지 않을게요. Lo siento. No llegaré tarde la próxima vez.

반갑습니다. 다음에 꼭 연락할게요. Encantado. Me pondré en contacto con usted la próxima vez.

Vocabulario adicional

• **Vocabulario relacionado con la oficina de correos**

택배 paquete
편지 carta
엽서 postal
등기 registro
보내는 사람 remitente
받는 사람 recipiente

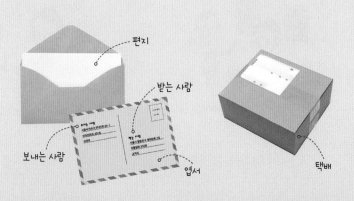

Ensayo de conversación

(Sustantivo)에 따라 달라요 Hablando de variables

값이 얼마예요?   ¿Cuánto cuesta?

➡ 무게에 따라 달라요.   ➡ Depende del peso.

시간이 얼마나 걸려요?   ¿Cuánto tiempo se tarda?

➡ 가격에 따라 달라요.   ➡ Depende del precio.

김치 맛이 어때요?   ¿Qué sabor tiene el kimchi?

➡ 지역에 따라 달라요.   ➡ Depende de la región.

(sustantivo) 말고 다른 거 있어요? Cuando pide algo más

비행기 말고 다른 거 있어요?   ¿Hay algo más que un avión?

커피 말고 다른 거 있어요?   ¿Hay algo más que café?

이거 말고 다른 거 있어요?   ¿Hay algo más que esto?

저거 말고 다른 거 있어요?   ¿Hay algo más que eso?

Consejos de pronunciación

걸려요 [걸려요]

La consonante ㄹ se pronuncia de manera diferente según la condición. Cuando ㄹ viene al principio de una silaba, se pronuncia como [r], y cuando viene al final de una sílaba se pronuncia como [l]. Sin embargo, cuando ㄹ aparece como sonido después de ㄹ, el primer sonido [l] cambia a [ll].

예 **골라요** [골라요]   **이걸로** [이걸로]

☕ Pausa para el Café

Seguimiento de correo: registrado

Si le preocupa la pérdida de su carta o paquete, use 등기 (registro), con lo que puede rastrear el correo. En la oficina de correos, puede decir 등기로 해 주세요 (Registro, por favor) y pagar la tarifa de registro (등기 수수료). Sin embargo, se recomienda verificar primero el valor, ya que el valor del correo certificado varía según el peso y el tiempo que demora.

La cultura de servicio rápido de Corea

A los coreanos les gusta hacer las cosas rápido, lo suficiente como para decir que hay una cultura 빨리 빨리 (rápido, rápido) en el país. El servicio de entrega rápida es un punto muy importante en la vida urbana densamente poblada. Por ejemplo, la entrega rápida es eficiente hasta el punto en que hay una palabra 총알 배송 (entrega total) al entregar productos en línea. El término 당일 배송 significa que la entrega será el día del pedido, y 새벽 배송 significa que la entrega será temprano en la mañana del día siguiente. La entrega dos o tres días después de realizar el pedido se considera un servicio de entrega lenta en Corea. En particular, algunas personas piensan que la razón de la ausencia de una crisis de necesidades diarias en Corea durante la crisis del Coronavirus de 2020 fue porque los servicios de entrega rápida eran populares.

La entrega de alimentos también cuenta con un servicio rápido y preciso en Corea. Puede obtener comida a domicilio de forma rápida y precisa incluso si pide comida en un parque sin una dirección exacta, así como en su casa o en el trabajo. Es asombroso cuántas personas en el vasto parque del río Hangang entregan alimentos con precisión a la persona que los ordenó, y es incluso rápido.

Servicios como la instalación de líneas de Internet conectadas a cada hogar también son rápidos. En Corea, los conductores suelen venir a instalar líneas de Internet el día en que se presenta la solicitud. Cualquier instalación de servicio completada el día de la solicitud se da por sentada en Corea. La cultura de servicio rápido de Corea, que persigue el 빠름 (rápido) como una virtud en una era en la que todo es cada vez más rápido. Esto es imprescindible para los coreanos que están siempre ocupados.

Capítulo 5

Resolviendo problemas

장 메이 (중국)
Mei Chang (China)

Capítulo 5

Resolviendo problemas

Describiendo síntomas

열도 있고 콧물도 나요

Tengo fiebre y secreción nasal

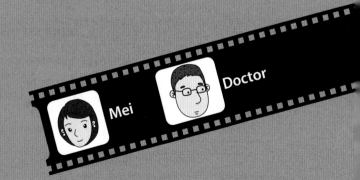

Mei

Doctor

의사	어떻게 오셨어요?
메이	목이 아파서 왔어요.
의사	다른 데는 괜찮아요?
메이	열도 있고 콧물도 나요.
의사	언제부터 그랬어요?
메이	3일 전부터요.
의사	*(Después del examen)* 좀 쉬어야 해요. 약을 먹고 3일 후에 다시 오세요.

Doctor	¿Cómo se encuentra?
Mei	Vengo por un dolor de garganta.
Doctor	¿Está bien en otros lugares?
Mei	También tengo fiebre y secreción nasal.
Doctor	¿Desde cuándo?
Mei	Desde hace tres días.
Doctor	*(Después del examen)* Necesita tomar un descanso. Regrese después de tres días de tomar el medicamento.

▶ Nuevo vocabulario

목 garganta

아프다 doler

데 lugar

열 fiebre

콧물 mucosidad

나다 salir, secretar

언제부터 ¿desde cuándo?

전 antes

약 medicina

약을 먹다 tomar medicina

다시 de nuevo

▶ Nuevas expresiones

어떻게 오셨어요?
¿Cómo se encuentra?

다른 데는 괜찮아요?
¿Está bien en otros lugares?

열도 있고 콧물도 나요.
Tengo fiebre y secreción nasal.

언제부터 그랬어요?
¿Desde cuándo?

3일 전부터요.
Desde hace tres días.

다시 오세요.
Regrese nuevamente.

▶ Acercamiento

❶ 어떻게 오셨어요?

(Preguntando sobre el propósito de la visita)

어떻게 오셨어요? Se puede interpretar de dos maneras. Una es para preguntar acerca del medio de transporte utilizado para llegar, y la otra es para preguntar acerca del motivo de la visita. En esta conversación, el médico pregunta al paciente con qué síntomas visitó el hospital, lo que se interpreta con el segundo significado. La pregunta 어떻게 오셨어요? (¿cómo llegó?) se utiliza principalmente para preguntar a las personas que vistan instituciones públicas sobre el propósito de la visita.

Ej. A 어떻게 오셨어요?　　¿Cómo llegó?

B 소화가 안돼서 왔어요.　Vine porque no puedo digerir.

❷ La partícula 은/는

(para enfatizar)

La partícula 은/는 se usa para enfatizar el sustantivo anterior a ella. En esta conversación, se le preguntó al paciente que visita el hospital por un dolor de garganta si estaba bien, enfatizando 다른 데(en otros lugares) otro lugar que no sea el cuello. Cuando la partícula 은/는 se combina con 이/가 (para determinar el objeto) se omite esta última, y solo se utiliza la enfatización 은/는. Sin embargo, si la partícula 은/는 se usa con cualquier otra (ej.: 에, 에서, 등), nada se omite, y se usan ambas partículas (ej.: 에는, 에서는, 등).

Ej. A 머리가 너무 아파요.　　Me duele mucho la cabeza.

B 그래요? 약은 먹었어요?　¿De verdad? ¿Tomó la medicina?

Retrospectiva

• Nombres de las partes del cuerpo

이마 Frente

귀 orejas

코 nariz

머리 cabeza/cabello

눈 ojos

입 boca

어깨 hombro

배 estómago

손가락 dedos

가슴 pecho

손목 muñeca

발목 tobillo

눈썹 Ceja

이 dientes

등 espalda

팔 pies

손 manos

무릎 rodilla

발 pies

입술 labios

목 cuello/garganta

허리 cadera

다리 piernas

발가락 dedos de los pies

Enfoque Gramatical

Tabla gramatical **p.273**

−고 ... y ...

−고 se utiliza para enumerar eventos, acciones, condiciones o hechos. −고 es una expresión gramatical que conecta dos oraciones enumeradas con el adverbio conjuntivo 그리고 en una sola oración. −고 se utiliza con verbos y adjetivos, y se combinan con la raíz del verbo o adjetivo sin importar si termina en vocal o consonante. Para enfatizar cosas repetitivas cuando se enumeran, a veces se usa la particular 도.

| 좋아하다 | 사과도 좋아하고 배도 좋아해요. | Me gustan las manzanas y las peras. |

| 재미있다 | 한국어 공부도 재미있고 한국 생활도 재미있어요. |
Estudiar coreano es divertido y vivir en Corea es divertido.

| 오다 | 비도 오고 바람도 불어요. | Llueve y sopla el viento. |

| 있다 | 열도 있고 콧물도 나요. | Tengo fiebre y secreción nasal. |

−고 también se utiliza para conectar acciones sucesivas. Al vincular las acciones sucesivas del pasado, no se combina −고 con el marcador de tiempo pasado −았/었−. Por lo tanto, si se cambia el tiempo de la oración, la forma de escribirla es la misma.

| 현재 | 보통 밥을 먹고 산책해요. | Suelo comer y dar un paseo. |

| 과거 | 어제 밥을 먹고 산책했어요. | Ayer comí y di un paso. |

| 미래 | 내일 밥을 먹고 산책할 거예요. | Comeré y daré un paseo mañana. |

Autoevaluación

1~3 Observe las imágenes y use –고 para completar las oraciones.

Ej.

싸다 + 맛있다

→ 이 음식은 <u>싸고</u> 맛있어요.

1.

운동하다 + 쉬다

→ 메이는 보통 _____ 10분 쉬어요.

2.

춥다 + 머리가 아프다

→ 메이는 _____ 머리가 아파요.

3.

먹다 + 마시다

→ 메이는 어제 저녁을 _____ 녹차를 마셨어요.

4~8 Use –고 para conectar dos oraciones en una sola.

Ej. 친구하고 같이 <u>식사해요</u>. 그리고 얘기해요.　　　　→ **식사하고**

4. 보통 오후에 커피를 <u>마셔요</u>. 그리고 일을 시작해요.　　→

5. 주말에 영화를 <u>봐요</u>. 그리고 저녁을 먹어요.　　　　→

6. 어제 일이 <u>끝났어요</u>. 그리고 친구를 만났어요.　　　→

7. 지난주에 편지를 <u>썼어요</u>. 그리고 우체국에서 편지를 보냈어요. →

8. 한국어를 <u>배울 거예요</u>. 그리고 한국에서 일할 거예요. →

Respuestas **p.278**

Ensayo de gramática

pista 116

(sustantivo) 도 -고 (sustantivo) 도 ··· Al enumerar

몸이 어때요?　　　　　　　　　　　¿Cómo se siente?

➡ 머리도 아프고 목도 아파요.　　　➡ Me duele la cabeza y me duele la garganta.

여행이 어때요?　　　　　　　　　　¿Cómo está el viaje?

➡ 날씨도 좋고 음식도 맛있어요.　　➡ El clima es agradable y la comida deliciosa.

보통 주말에 뭐 해요?　　　　　　　¿Qué hace el fin de semana?

➡ 운동도 하고 친구도 만나요.　　　➡ Hago ejercicio y me veo con mis amigos.

-고 -(으)세요 Dando consejos a otra persona

약을 먹고 푹 쉬세요.　　　　　　　Tome el medicamento y descanse.

30분씩 운동하고 채소를 자주 드세요.　Haga ejercicio durante 30 minutos y coma verduras con frecuencia.

책을 읽고 사람들하고 얘기해 보세요.　Lea libros y hable con la gente.

회원 가입하고 인터넷으로 예약하세요.　Regístrese como miembro y haga una reserva en línea.

Vocabulario adicional

• **Vocabulario relacionado con los síntomas de una enfermedad**

감기에 걸리다 (감기에 걸렸어요) tener un resfriado
목이 붓다 (목이 부었어요) inflamación de garganta
기침이 나다 (기침이 나요) tos
다리를 다치다 (다리를 다쳤어요) dolor de pierna
소화가 안되다 (소화가 안돼요) no poder digerir
어지럽다 (어지러워요) mareo

감기에 걸리다　　목이 붓다　　기침이 나다

다리를 다치다　　소화가 안되다　　어지럽다

Ensayo de conversación

pista **117**

(Tiempo) 부터 Describiendo síntomas

어제부터 머리가 아파요.   Me duele la cabeza desde ayer.

일주일 전부터 소화가 안돼요.   No puedo digerir desde hace una semana.

며칠 전부터 기침이 나요.   Tengo tos desde hace unos días.

작년부터 어깨가 아파요.   Me duele el hombro desde el año pasado.

-(으)면 어떡해요? Preguntando al doctor

잠이 안 오면 어떡해요?   ¿Qué pasa si no puedo dormir?

계속 열이 나면 어떡해요?   ¿Qué pasa si sigo teniendo fiebre?

알레르기가 있으면 어떡해요?   ¿Qué pasa si tengo alergias?

아침에 일어날 수 없으면 어떡해요?   ¿Qué pasa si no puedo levantarme en la mañana?

Consejos de pronunciación

콧물 [콘물]

pista **118**

Cuando la consonante final se pronuncia como [ㄱ, ㄷ, ㅂ], ésta se pronuncia como [ㅇ, ㄴ, ㅁ], delante de ㄴ, ㅁ. En el ejemplo anterior, ㅅ de 콧 se pronuncia como [ㄷ], pero cambia a [ㄴ] debido al primer sonido ㅁ de 물. Finalmente, 콧물 se pronuncia como [콘물].

예 **냇물** [낸물] **햇님** [핸님]

Cuarentena coreana: el servicio médico y el sistema de seguro médico de Corea

El sistema de cuarentena de Corea ha atraído la atención mundial, al tiempo que todo el mundo sufrió la crisis del coronavirus en 2020. El sistema de cuarentena meticuloso y cercano dirigido por el estado, que incluye kits de diagnóstico rápidos y precisos, aseguramiento rápido de camas centradas en hospitales bastión en todo el país, métodos creativos de inspección denominados drive–through y la divulgación de la ruta de los pacientes confirmados han demostrado su verdadero valor.

Otras razones del éxito de la cuarentena son los servicios médicos de alta calidad de Corea. En particular, los estándares médicos de Corea son altamente reconocidos en todo el mundo. La preferencia por el trabajo de un médico en Corea es tan alta que los mejores puntajes en el feroz examen de ingreso a la universidad están acudiendo en masa a la escuela de medicina, por lo que muchas personas talentosas en Corea estudian medicina. Además de los hospitales generales, hay muchos médicos en cada vecindario para cada especialidad médica, por lo que el acceso a un médico es lo suficientemente alto como para que las personas puedan elegir un hospital.

Pero, sobre todo, 국민 건강 보험 (el seguro médico nacional) brilló en Cuarentena coreana. El seguro nacional de salud es un seguro de salud público que se considera parte del sistema de seguridad social, y el seguro nacional de salud actual no se instituyó hasta el año 2000. Aunque las cuotas varían según los ingresos, es un sistema de seguridad social con grandes beneficios para las personas. Con los servicios médicos estatales operando incluso en el brote de coronavirus de 2020, el gobierno pagó por el diagnóstico y tratamiento del coronavirus, mostrando la verdadera naturaleza de los servicios médicos estatales. De hecho, los coreanos pueden utilizar el seguro médico nacional incluso si tienen síntomas leves, como un resfriado, para poder acceder fácilmente a los servicios médicos, por lo que suelen acudir a los hospitales con frecuencia. Incluso si los ancianos de 65 años o más reciben tratamiento en una clínica local, su pago personal es de menos de 2,000 wones. No solo los coreanos, sino también los extranjeros que permanecen en el país más de seis meses son elegibles para el seguro médico nacional.

En una tienda de ropa

Solicitando ropa diferente

옷이 조금 크니까
한 치수 작은 사이즈로 주세요

La ropa me queda un poco grande, deme una talla más pequeña, por favor

Mei

Empleado de la tienda de ropa

직원	어서 오세요. 뭐 찾으세요?
메이	노란색 바지 좀 보여 주세요.
직원	여기 있어요.
메이	이거 입어 볼 수 있어요?
직원	그럼요. 이쪽으로 오세요. (*Después de vestirse*) 마음에 드세요?
메이	디자인이 마음에 들어요. 그런데 옷이 조금 크니까 한 치수 작은 사이즈로 주세요.
직원	알겠습니다.

Empleado	Bienvenida. ¿Qué está buscando?
Mei	Enséñeme unos pantalones amarillos, por favor.
Empleado	Aquí tiene.
Mei	¿Puedo probármelos?
Empleado	Claro que sí. Venga por aquí. (*Después de vestirse*) ¿Le gustan?
Mei	Me gusta el diseño. Pero la ropa me queda un poco grande, deme una talla más pequeña, por favor.
Empleado	Entendido.

뭐 ¿qué?

찾다 encontrar

노란색 amarillo (color)

바지 pantalones

입다 vestir

보다 ver

마음에 들다 gustar

옷 ropa

크다 grande

치수 talla

작다 pequeño

사이즈 talla

► Nuevas expresiones

뭐 찾으세요? ¿Qué está buscando?

이거 입어 볼 수 있어요?
¿Puedo probarme esto?

마음에 드세요? ¿Le gusta?

디자인이 마음에 들어요.
Me gusta el diseño.

한 치수 작은 사이즈로 주세요.
Deme una talla más pequeña, por favor.

► Acercamiento

❶ 보다 (verbo auxiliar para decir "intentar")

El verbo 보다 significa "mirar", pero también puede significar "intentar" como palabra auxiliar. Por lo general, se combina de la forma −아/어 보다 al final de la raíz de los verbos. En la conversación, la expresión 입어 볼 수 있어요 se usa para pedirle permiso al empleado de la tienda para poder probarse la ropa. Aquí, si no usa el verbo auxiliar 보다, y lo escribe como 입을 수 있어요, significa algo muy diferente.

Ej. 패러글라이딩이 무서워요. 하지만 해 보고 싶어요.
Tengo miedo al parapente. Pero quiero probarlo.

❷ 마음에 들다 y 좋아하다 (me gusta)

마음에 들다 es una expresión que significa "gustar", tiene un significado similar a 좋아하다, pero su uso es diferente. 마음에 들다 significa que un objeto fue bien recibido a primera vista y generalmente se usa para objetos que se ven por primera vez. Por ejemplo, 마음에 들다 se usa si encuentra un artículo cuyo diseño le gusta en una tienda, y puede comprarlo; o si mira a alguien que le guste en la calle, y puede mirarla/o de nuevo. Por otro lado, 좋아하다 expresa el gusto favorito por un objeto. Por ejemplo, al hablar de un color o diseño que sea su favorito, use 좋아하다 en lugar de 마음에 들다.

Ej. 친구하고 카페에 처음 갔어요. 그 카페 분위기가 마음에 들었어요.
Fui a un café con un amigo por primera vez. Me gustó el ambiente del café.

Ej. 저는 음악을 좋아하고 제 친구는 영화를 좋아해요.
Me gusta la música y a mi amigo le gustan las películas.

Retrospectiva

• Palabras para color

빨간색	파란색	노란색	녹색 (초록색)	검은색 (까만색)	흰색 (하얀색)	금색	은색
rojo	azul	amarillo	verde	negro	blanco	dorado	plateado

주황색	하늘색	베이지색	연두색	분홍색	갈색	밤색	회색
naranja	azul cielo	beige	verde claro	rosa	marrón	castaño	gris

Enfoque Gramatical

Tabla gramatical **p.274**

–(으)니까 Porque...

–(으)니까 se utiliza para indicar que el contenido de la oración anterior es la razón del contenido del siguiente. –(으)니까 es una expresión gramatical que conecta dos oraciones que representan el motivo y el resultado en una sola oración, reemplazando el adverbio conjuntivo 그러니까. A diferencia del español, en coreano, una cláusula que indica la razón y que se combina con –(으)니까 siempre se escribe antes de la cláusula de resultado. –(으)니까 se puede usar con verbos y adjetivos. Cuando la raíz de éstos termina en una vocal, se usa –니까, mientas que si termina en consonante, se usa –으니까.

오다	내일 손님이 오니까 집을 청소하세요.
	Limpie la casa, porque mañana vienen clientes.

같다	가격이 같으니까 여기에 사인만 해 주세요.
	El precio es el mismo, así que puede firmar aquí.

Cuando se expresa el motivo de un evento o estado pasado, la estructura de tiempo pasado –았/었– se combina con –(으)니까, dando como resultado –았/었으니까.

되다	약속이 취소됐으니까 친구한테 전화해야 돼요.
	La cita ha sido cancelada, así que tengo que llamar a mi amigo.

사다	선물은 제가 샀으니까 신경 쓰지 마세요.
	Compré el regalo, así que no tiene que preocuparse.

> **(!) ¡Cuidado!**
> –(으)니까 y –아/어서 tienen significados similares en el sentido de que indican una razón, pero se usan de manera diferente. Cuando use –(으)세요 para indicar una orden, instrucción, solicitud o sugerencia, no puede usar –아/어서, sino (으)니까 para indicar el motivo.
>
> [오다] 비가 오니까 우산을 갖고 가세요. (O)
> 비가 와서 우산을 갖고 가세요. (X)
> Está lloviendo, así que traiga un paraguas.
>
> [먹다] 조금 전에 저녁을 먹었으니까 다음에 같이 식사합시다. (O)
> 조금 전에 저녁을 먹어서 다음에 같이 식사합시다. (X)
> No hemos comido juntos hace mucho tiempo, así que comamos juntos la próxima vez.

Autoevaluación

1~4 Elija la opción adecuada para completar la conversación.

1. A 왜 피곤해요?

    B _____ 피곤해요.

    ① 친구가 없으니까   ② 날씨가 좋으니까   ③ 어제 못 잤으니까

2. A 왜 빨리 가야 돼요?

    B _____ 빨리 가야 돼요.

    ① 시간이 있으니까   ② 주말을 좋아하니까   ③ 약속에 늦었으니까

3. A 왜 오늘 만날 수 없어요?

    B _____ 오늘 만날 수 없어요.

    ① 바쁘니까   ② 잤으니까   ③ 만나고 싶으니까

4. A 왜 밤에 커피를 마시면 안 돼요?

    B _____ 밤에 커피를 마시면 안 돼요.

    ① 커피가 있으니까   ② 잘 수 없으니까   ③ 커피가 필요하니까

5~8 Elija la opción correcta y complete las oraciones usando –(으)니까.

여기는 비싸다	오늘은 다른 약속이 있다
아침에 길이 막히다	재미있는 영화를 하다

5. _____ 내일 일찍 출발하세요.

6. _____ 여기에서 사지 마세요.

7. _____ 다음에 식사할까요?

8. _____ 그 영화를 봅시다.

Respuestas **p.278**

Ensayo de gramática

pista **120**

–(으)니까 –(으)세요 Explicando el motivo

조금 비싸니까 싼 걸로 보여주세요.   Es un poco costoso, enséñeme algo barato.

옷이 작으니까 큰 옷으로 주세요.   La ropa es pequeña, deme ropa más grande.

일주일이 지나면 환불할 수 없으니까 일주일 안에 오세요.   Vuelva en menos de una semana, ya que no hay reembolso después de una semana.

더우니까 에어컨을 켜 주세요.   Tengo calor, encienda el aire acondiacionado.

–(으)니까 –아/어 보세요 Cuando el personal los presenta

이 색이 손님한테 잘 어울리니까 한번 입어 보세요.   Este color le queda muy bien, pruébelo.

이런 신발이 요즘 인기가 많으니까 한번 신어 보세요.   Estos zapatos son muy populares estos días, pruébeselos.

이게 인기가 많으니까 한번 써 보세요.   Esto es muy popular, pruébelo.

Vocabulario adicional

• **Vocabulario relacionado con la ropa**

가격 precio
품질 calidad
사이즈 (= 크기) talla
색 color
교환 cambio
환불 reembolso
반품 devolución

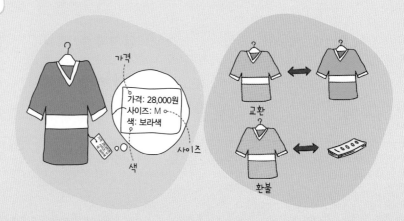

Ensayo de conversación

pista **121**

(sustantivo) 좀 보여 주세요 Pidiendo un producto a un empleado

뭐 찾으세요?   ¿Qué está buscando?

➥ 바지 좀 보여 주세요.   ➥ Muéstreme unos pantalones.

➥ 운동화 좀 보여 주세요.   ➥ Muéstreme unas zapatillas de tenis.

➥ 모자 좀 보여 주세요.   ➥ Muéstreme un sombrero.

➥ 스카프 좀 보여 주세요.   ➥ Muéstreme una bufanda.

-아/어 볼 수 있어요? Pidiendo permiso a un empleado

바지를 입어 볼 수 있어요?   ¿Puedo probarme estos pantalones?

운동화를 신어 볼 수 있어요?   ¿Puedo probarme estas zapatillas de tenis?

모자를 써 볼 수 있어요?   ¿Puedo probarme este sombrero?

스카프를 해 볼 수 있어요?   ¿Puedo probarme esta bufanda?

Consejos de pronunciación

pista **122**

흰색 [힌색]

El diptongo ㅢ se pronuncia [의] cuando se usa solo. Sin embargo, cuando se usa con una consonante, ㅢ se pronuncia [이]. En el ejemplo anterior, el diptongo ㅢ de 희 se pronuncia [히].

예 희망 [히망]   띄어쓰기 [띠어쓰기]

Pausa para el Café

Preguntando acerca del servicio en una tienda

Cuando se pregunta acerca del tipo de servicio que hay disponible en una tienda, se agrega la palabra 되다 al nombre del servicio. Por ejemplo, cuando compre algo, puede preguntar 교환돼요? (¿puedo cambiarlo?). Del mismo modo, cuando desee preguntar si es posible un reembolso, puede decir 환불돼요?. SI necesita un empaque de regalo, pregunte 포장돼요?. Si la tienda tiene el producto agotado y está vendiendo bajo pedido, puede preguntar 배달돼요? (¿entrega a domicilio?).

Cultura colectiva del pueblo coreano

Los coreanos están familiarizados con la cultura colectiva. Es fácil encontrar personas con piel y peinados similares en Corea, que es un país sin mucha inmigración. Los hombres trabajadores de oficina visten trajes negros, grises u oscuros. Las mujeres pueden vestirse libremente, pero usan ropa similar según la tendencia. Mucha gente usa un maquillaje similar porque hay un estilo que es popular todo el tiempo. Los estudiantes de secundaria y preparatoria visten uniformes escolares, ropa de diario y ropa deportiva. Pocas personas mayores tienen canas porque muchas personas se tiñen el cabello. Las carreteras coreanas están llenas de coches negros, grises y blancos.

No es solo eso. Más del 90 por ciento de los estudiantes de secundaria coreanos van a la universidad. Los estudiantes coreanos van a academias antes de cumplir los 10 años debido al entusiasmo de la nación por la educación, que da por sentado el acceso a la universidad. También la gente bromea sobre el que casi todos los estudiantes van a academias privadas después de la escuela, por lo que tienen que ir a academias privadas para hacer amigos. Las mujeres de veintitantos y los hombres de veintitantos se preparan para el examen de trabajo para conseguir un empleo después de servir en el ejército. Se puede decir que los coreanos tienen al menos alguna tarea basado en la edad antes de conseguir un trabajo formal.

Incluso en la escuela y el trabajo, los coreanos se sienten cómodos estando en grupo. Por lo tanto, prefieren personas que tengan una personalidad amistosa y que puedan unirse a un grupo y llevarse bien con él. Es por eso que las personas que se destacan demasiado no están contentas dentro de una organización. Por supuesto, la generación más joven de Corea en el siglo XXI valora la individualidad. Aun así, ¿valorarán la individualidad incluso cuando se conviertan en generaciones mayores?

Describiendo un problema

이따가 출발할 때 연락해 주세요

Por favor contácteme más tarde cuando salga

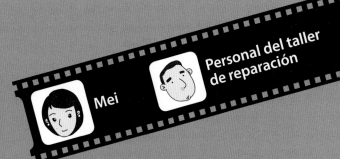

Mei

Personal del taller de reparación

Conversación

직원	여보세요.
메이	311호예요. 수도가 고장 나서 전화했어요.
직원	어떻게 고장 났어요? 자세히 말해 주세요.
메이	물이 안 나와요. 빨리 와 주세요.
직원	그런데 수리 기사가 지금 없어요.
메이	그래요? 많이 기다려야 돼요?
직원	아니요, 곧 올 거예요.
메이	그럼, 이따가 출발할 때 연락해 주세요.

Empleado	Hola.
Mei	Es la habitación 311. Llamo porque el suministro de agua no funciona.
Empleado	¿Cuál es el desperfecto? Por favor, cuéntemelo en detalle.
Mei	El agua no corre. Por favor venga rápido.
Empleado	Pero no hay ningún técnico de reparación en este momento.
Mei	¿De verdad? ¿Tengo que esperar mucho?
Empleado	No, llegará pronto.
Mei	Entonces, por favor contácteme más tarde cuando el técnico salga.

호 habitación

수도 suministro de agua

고장 나다 desperfecto

전화하다 hacer una llamada telefónica

자세히 detalladamente

물 agua

빨리 rápidamente

수리 기사 técnico de mantenimiento

기다리다 esperar

곧 pronto

이따가 después, luego

출발하다 salir

연락하다 contactar

▶ **Nuevas expresiones**

어떻게 고장 났어요?
¿Cuál es el desperfecto?

자세히 말해 주세요.
Por favor, cuéntemelo en detalle.

물이 안 나와요. El agua no corre.

빨리 와 주세요. Por favor venga rápido.

많이 기다려야 돼요?
¿Tengo que esperar mucho?

곧 올 거예요. Llegará pronto.

이따가 출발할 때 연락해 주세요.
Contácteme más tarde cuando el técnico
salga, por favor.

▶ **Acercamiento**

❶ 나오다 y 나다

El verbo 나오다 se usa cuando algo sale del interior a través de un pasaje claro. Por lo general, 나오다 se utiliza principalmente con 에서 en la oración para indicar la fuente. En la conversación, el verbo 나오다 se usa para expresar que el agua sale del grifo. Por otro lado, el verbo 나다 hace referencia a algo que surge de la superficie.

(Ej.) 지하철역 6번 출구에서 나오면 가게가 있어요.
Hay una tienda cuando sales de la salida 6 de la estación del metro.

(Ej.) 벌써 수염이 났어요.
Ya tengo barba.

❷ 이따가 y 나중에

Los adverbios 이따가 y 나중에 indican el momento posterior al momento en el que se habla, y corresponden a decir "después" en español. Sin embargo, 이따가 se refiere a un punto futuro en el mismo día del momento en que se habla, mientras que 나중에 se refiere a un punto futuro aún no determinado, similar a decir "algún día". En esta conversación, 어느 정도 시간이 지난 후 (después de un cierto tiempo) es el mismo día en el que se habla, así que se usa 이따가 en lugar de 나중에.

(Ej.) 이따가 다시 전화하세요. 아마 회의가 1시간 후에 끝날 거예요.
Vuelva a llamar más tarde. Quizás la reunión termine en una hora.

(Ej.) 우리 나중에 다시 만나요. 건강하세요.
Nos vemos después. Le deseo buena salud.

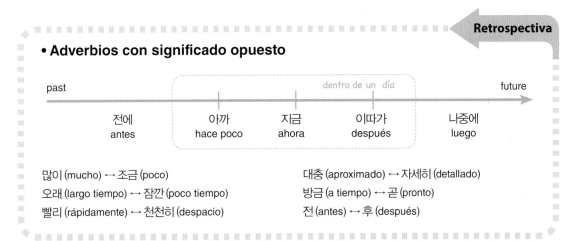

Retrospectiva

• **Adverbios con significado opuesto**

past			dentro de un día		future
전에 antes	아까 hace poco	지금 ahora	이따가 después	나중에 luego	

많이 (mucho) ↔ 조금 (poco)

오래 (largo tiempo) ↔ 잠깐 (poco tiempo)

빨리 (rápidamente) ↔ 천천히 (despacio)

대충 (aproximado) ↔ 자세히 (detallado)

방금 (a tiempo) ↔ 곧 (pronto)

전 (antes) ↔ 후 (después)

Enfoque Gramatical

Tabla gramatical **p.274**

–(으)ㄹ 때 Cuando...

–(으)ㄹ 때 se usa para indicar el momento en que ocurre una acción o situación, o mientras una acción o situación está sucediendo. –(으)ㄹ 때 se usa con un verbo o adjetivo. Cuando la raíz de éstos termina en vocal, se usa –ㄹ 때, mientras que si termina en consonante, se usa –을 때.

쉬다	피곤할 때 쉬어야 해요.	Cuando estamos cansados, debemos descansar.
끄다	영화를 볼 때 핸드폰 전원을 끄세요.	Cuando vea la película, apague el móvil.
찍다	사진을 찍을 때 웃는 게 좋아요.	Me gusta sonreír mientras tomo fotos.
★ 듣다	친구 얘기를 들을 때 집중하세요.	Preste atención cuando platique con sus amigos.
★ 춥다	날씨가 추울 때 스키 타러 가요.	Cuando hace frío, voy a esquiar.

Al describir acciones o situaciones pasadas, el indicador de tiempo pasado –았/었– se combina con –을 때 para dar como resultado –았/었을 때.

하다	옛날에 인도를 여행했을 때 그 친구를 만났어요.
	Lo conocí cuando viajé a la India en el pasado.
받다	남자 친구한테서 선물을 받았을 때 기분이 정말 좋았어요.
	Cuando recibí un regalo de mi novio, me sentí muy bien.

! **¡Cuidado!**

En el caso de los verbos de movilidad 가다 y 오다, el significado del tiempo presente y el tiempo pasado son completamente diferentes. 갈 때 y 올 때 se refieren al estado de moverse de un lugar a otro, mientras que 갔을 때 y 왔을 때 se refieren al estado final del movimiento de un lugar a otro. Podemos comprobar la diferencia de significado con los siguientes ejemplos.

Ej. 회사에 갈 때 보통 지하철을 타요.
Cuando voy a trabajar, suelo tomar el metro. (entre salir de casa y llegar al trabajo)

Ej. 회사에 갔을 때 8시 30분이었어요.
Eran las 8:30 cuando fui a la compañía. (una vez llegado a la compañía)

Autoevaluación

1~3 Elija la opción correcta y complete las oraciones.

1. _____ 전화하면 안 돼요.

① 날씨가 나쁠 때　　　　② 운전할 때

③ 친구가 없을 때　　　　④ 행복할 때

2. _____ 이 케이크를 드세요.

① 커피를 마실 때　　　　② 수영할 때

③ 안경이 없을 때　　　　④ 화장실에 갈 때

3. _____ 여행 갑시다.

① 시간이 없을 때　　　　② 옷을 살 때

③ 어려울 때　　　　　　④ 날씨가 좋을 때

4~6 Elija la opción correcta y complete la conversación usando –(으)ㄹ 때.

| 대학교에 다니다 | 회사 면접을 보다 | 가족이 보고 싶다 | 일이 많이 있다 |

Ej. A 언제 가족한테 전화해요?

　　　B **가족이 보고 싶을** _____ 때 가족한테 전화해요.

4. A 언제 정장을 입어요?

　　　B _____ 때 정장을 입어요.

5. A 언제 집에 늦게 가요?

　　　B _____ 때 집에 늦게 가요.

6. A 언제 한국어공부를 시작했어요?

　　　B _____ 때 한국어공부를 시작했어요.

Respuestas **p.278**

Ensayo de gramática

pista **124**

Solicitando algo

저한테 연락할 때 이메일을 보내
주세요.
Cuando se comunique conmigo, hágalo por
correo electrónico.

한국어로 얘기할 때 천천히 얘기해
주세요.
Cuando hable coreano, hágalo despacio.

사진을 찍을 때 "하나, 둘, 셋"이라고
말해 주세요.
Cuando tome una foto, "diga uno, dos, tres".

한국 음식을 만들 때 맵지 않게
해 주세요.
Cuando prepare comida coreana, no lo haga
picante.

-(으)ㄹ 때 어떻게 했어요?/해야 해요? Al hacer una pregunta

집을 구할 때 어떻게 했어요?
¿Qué hacía mientras buscaba casa?

길을 잃어버렸을 때 어떻게 했어요?
¿Qué hizo cuando se perdió?

문제가 생겼을 때 어떻게 해야 해요?
¿Qué debo hacer cuando tenga un problema?

한국어를 못 알아들을 때 어떻게
해야 해요?
¿Qué debo hacer cuando no entienda coreano?

Vocabulario adicional

• **Vocabulario relacionado con el
mantenimiento**

수리하다 (= 고치다) reparar, arreglar
수리 기사 técnico de mantenimiento
수리비 costo de reparación
무료 gratis
유료 pago
청구서 cuenta

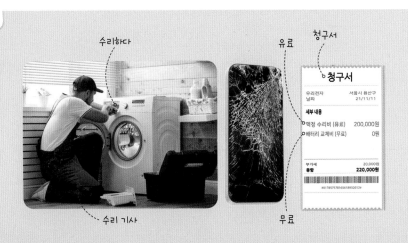

Ensayo de conversación

pista **125**

(tiempo) 됐어요 Diciendo cuanto tiempo ha pasado

언제 고장 났어요?   ¿Cuándo se rompió?

➡ 1시간쯤 됐어요.   ➡ Ha pasado casi una hora.

➡ 3일 됐어요.   ➡ Han pasado tres días.

➡ 일주일 됐어요.   ➡ Ha pasado una semana.

(precio) 쯤 돼요 Hablando de precios

수리비가 얼마나 돼요?   ¿Cuánto es la tarifa de reparación?

➡ 10만 원쯤 돼요.   ➡ Alrededor de 100,000 wones.

월세가 얼마나 돼요?   ¿Cuánto es la renta?

➡ 50만 원쯤 돼요.   ➡ Unos 500,000 wones.

표 값이 얼마나 돼요?   ¿Cuánto es el precio de la entrada?

➡ 20만 원쯤 돼요.   ➡ Cuesta unos 200,000 wones.

Consejos de pronunciación

pista **126**

올 거예요 [올 꺼예요]

Si el primer sonido que sigue a la terminación -(으)ㄹ es con las consonantes ㄱ, ㄷ, ㅂ, ㅅ, ㅈ, éstas se pronuncian como [ㄲ, ㄸ, ㅃ, ㅆ, ㅉ]. En el ejemplo anterior, debido al sonido ㄹ de 올; ㄱ se pronuncia como [ㄲ] en 거예요. Por tanto, 올 거예요 se pronuncia [올 꺼예요].

예 할 수 있어요 [할 쑤 이써요]   할게요 [할께요]

Pausa para el café

Expresando de manera simple la situación de un problema

Se puede usar la expresión 되다 para indicar que algo funciona o no funciona. Si no hay problema, exprésalo como 돼요; y si hay un problema, dígalo como 안 돼요. Por ejemplo, si la lavadora no funciona, simplemente puede decir 세탁기가 안 돼요. Por supuesto, necesita saber mucho vocabulario para expresar el desperfecto en detalle, pero recuerde que cuando expresa un problema con algo, simplemente puede decir 안 돼요.

La cultura coreana que enfatiza el orden jerárquico

Corea tiene una atmósfera social que enfatiza el orden jerárquico. En Corea, la gente debería usar honoríficos con personas mayores que ellos y no pueden llamar por su nombre a personas mayores. Incluso si la persona es más de 10 años mayor o es solo de tres a cuatro meses mayor, debe ser cortés incluso como si tuviera un año más. Entonces, una persona nacida en marzo debe llamar 형, 누나, 오빠, 언니 (hermano/hermana mayor) a una persona 3 o 4 meses mayor; dado que, si la persona nació el año anterior, ésta se convierte en destinataria de los honoríficos.

La edad no es el único criterio para dividir la jerarquía. Los estudiantes en la escuela y los soldados en el ejército se dividen en "seniors" y "juniors" cuando se unen a la escuela o al ejército. Por ejemplo, si ingresa tarde a la universidad, si es mayor, debe tratar con honoríficos a sus superiores, incluso si son más jóvenes. Y si se une al ejército más tarde que otros, debe tratar a los que son 10 años más jóvenes que usted como superiores debido a que se enlistaron antes que usted. La edad, el año estudiantil y los rangos militares no son importantes en la empresa. La empresa se clasifica hacia arriba y hacia abajo según el puesto. Al final, los coreanos comparten claramente la parte superior e inferior de acuerdo con los estándares de clasificación que consideran importantes en su comunidad.

Tal énfasis en el orden jerárquico es la influencia de la cultura del confucionismo que permanece en la sociedad coreana. Si bien esta cultura de jerarquía tiene el aspecto positivo de minimizar los conflictos entre los miembros de la comunidad y fortalecer la solidaridad comunitaria, hay un aspecto negativo de tener que obedecer incondicionalmente a los superiores e incluso tolerar sus demandas injustas.

En el centro de objetos perdidos

Describiendo el objeto perdido

가방을 잃어버렸는데 어떻게 해야 돼요?

Perdí mi bolso, ¿qué debo hacer?

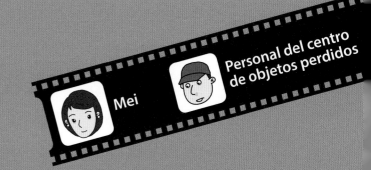

Mei

Personal del centro de objetos perdidos

직원	무엇을 도와드릴까요?
메이	가방을 잃어버렸는데 어떻게 해야 돼요?
직원	어떤 가방이에요?
메이	파란색 작은 가방이에요.
직원	가방 안에 뭐가 있어요?
메이	책하고 여권이 있어요.
직원	지금 그런 가방이 없어요. 여기에 이름하고 연락처를 써 주세요.

Personal	¿Cómo puedo ayudarle?
Mei	Perdí mi bolso, ¿qué debo hacer?
Personal	¿Qué bolso es?
Mei	Es un pequeño bolso azul.
Personal	¿Qué hay en el bolso?
Mei	Hay un libro y un pasaporte.
Personal	No hay un bolso así en este momento. Escriba aquí su nombre e información de contacto.

▶ Nuevo vocabulario

무엇 ¿qué?

돕다 ayudar

가방 bolso

잃어버리다 perder

어떤 cuál

파란색 azul

책 libro

그런 así, tal

이름 nombre

연락처 información de contacto

▶ Nuevas expresiones

무엇을 도와 드릴까요?
¿Cómo puedo ayudarle?

어떻게 해야 돼요? ¿Qué debo hacer?

어떤 가방이에요? ¿Qué bolso es?

가방 안에 뭐가 있어요?
¿Qué hay en el bolso?

여기에 이름하고 연락처를 써 주세요.
Escriba aquí su nombre e información de contacto.

▶ Acercamiento

1 어떤 (para preguntar por el tipo)

어떤 se usa delante de un sustantivo para preguntar sobre las características o el estado de un sustantivo. En algunos casos, 어떤 se puede usar indistintamente con 무슨, pero existen diferencias en el significado. 무슨 se usa cuando se pregunta sobre el tipo de objeto, mientras que 어떤 se usa cuando se pregunta sobre las características de un objeto. En esta conversación, 어떤 se usa para pedir una descripción de la bolsa perdida. Si usa 무슨 para preguntar, se le pregunta qué tipo de bolso es, una mochila o un bolso de mano.

Ej. 무슨 영화를 좋아해요?   ¿Qué películas le gusta?

Ej. 어떤 영화를 좋아해요?   ¿Qué tipo de película le gusta?

2 이런/그런/저런 (este tipo de…/ese tipo de…)

이런/그런/저런 se usan delante de un sustantivo para expresar el estado, la forma y la naturaleza de un objeto. Al igual que 이/그/저, que se aprendió en la Escena 2, 이런/그런/저런 también se usa dependiendo de la distancia entre el hablante y el oyente. 이런 se usa para referirse al estado de un objeto cercano al hablante, y 저런 se usa para referirse al estado de un objeto lejos tanto del hablante como el oyente. 그런 se usa cunado se hace referencia al estado de un objeto lejos del hablante pero cercano al oyente, y también cuando se hace referencia al estado del objeto en la conversación que no es visible para los participantes de la conversación.

Retrospectiva

• Preguntas de uso frecuente

뭐 (qué): 뭐 좋아해요? ¿Qué le gusta?

무슨 (cuál): 무슨 색을 찾으세요? ¿Cuál color busca?

어떤 (qué tipo): 어떤 사람이에요? ¿Qué tipo de persona busca?

누구 (quién): 이분이 누구세요? ¿Quién es esta persona?

누가 (quién): 누가 사무실에 있어요? ¿Quién está en la oficina?, cuando "quién" se usa como sujeto de la oración?

몇 (cuantos): 사람이 몇 명 있어요? ¿Cuántas personas hay?

몇 (cuál): 전화번호가 몇 번이에요? ¿Cuál es su número de teléfono?, cuando hable de números?

언제 (cuándo): 언제 수업이 시작해요? ¿Cuándo comienza la clase?

어디 (dónde): 어디에 살아요? ¿Dónde vive?

얼마 (cuánto): 이거 얼마예요? ¿Cuánto cuesta esto?

얼마나 (qué tanto): 시간이 얼마나 걸려요? ¿Qué tanto tarda?

얼마 동안 (cuánto tiempo): 얼마 동안 한국어를 공부했어요? ¿Cuánto tiempo lleva estudiando coreano?

어떻게 (cómo): 어떻게 알았어요? ¿Cómo lo supo?

왜 (por qué): 왜 그렇게 생각해요? ¿Por qué cree eso?

Enfoque Gramatical

Tabla gramatical **p.274**

–(으)ㄴ/는데 Pero...

–(으)ㄴ/는데 se utiliza para describir los antecedentes o presentar una situación en la que se hizo una pregunta, instrucción o sugerencia antes de preguntar, instruir o sugerir a la otra persona. –(으)ㄴ/는데 se usa con verbos o adjetivos, pero la forma difiere dependiendo si es un verbo o un adjetivo. Ya sea que la raíz de un verbo termina con vocal o consonante, –는데 se combina con la raíz. Cuando un adjetivo termina en vocal, se usa –ㄴ데, y cuando la raíz del adjetivo termina en consonante, se combina con –은데.

하다   친구가 식당을 하는데 같이 갑시다.
Mi amigo tiene un restaurante, así que vayamos juntos.

찾다   제가 지금 핸드폰을 찾는데 좀 도와주세요.
Estoy buscando un teléfono ahora, así que ayúdeme por favor.

아프다   머리가 아픈데 혹시 약 있어요?
Me duele la cabeza, ¿así que tiene algún medicamento?

좋다   날씨가 좋은데 잠깐 밖에 나갈까요?
Hace buen tiempo, ¿así que salimos un rato?

La sílaba raíz ㅂ en los verbos irregulares, por ejemplo 덥다 (caliente) o 춥다 (frío), se cambia ㅂ a 우, y se combina con –은데 al final.

★덥다   날씨가 더운데, 커피 대신에 시원한 주스를 마실까요?
Hace calor, ¿debería beber jugo fresco en lugar de café?

Cuando la situación o los antecedentes introducidos indican un evento o estado en el pasado, el modificador de tiempo pasado –았/었– puede combinarse con –는데. Por tanto, –았/었는데 puede combinarse tanto con verbos como con adjetivos.

보다   그 영화를 아직 못 봤는데 같이 봐요.
Todavía no he visto esa película, veámosla juntos.

하다   어제 전화했는데 왜 전화 안 받았어요?
Llamé ayer, ¿por qué no contestó el teléfono?

Autoevaluación

1~3 Conecte las frases apropiadas y complete las oraciones usando –(으)ㄴ/는데.

Ej. 지금 사무실에 없어요 •

• ㉠ ＿＿＿＿＿＿＿＿＿ 조금 이따가 전화해도
돼요?

1. 오늘 날씨가 좋아요. •

• ㉡ **지금 사무실에 없는데** 메모 남기시겠어요?

2. 지금 식사하고 있어요 •

• ㉢ ＿＿＿＿＿＿＿＿＿ 길을 좀 가르쳐 주세요.

3. 길을 잃어버렸어요 •

• ㉣ ＿＿＿＿＿＿＿＿＿ 다음에 같이 가요.

4~7 Elija la opción correcta y complete la conversación usando –(으)ㄴ/는데.

> 내일은 시간이 없다　　　　한식이 먹고 싶다
>
> 식당에 갔다　　　　얘기하려고 했다　　　　숙제했다

Ej. A 숙제 주세요.

B 죄송합니다. **숙제했는데** ＿＿＿＿＿ 안 가져왔어요.

4. A 왜 식사를 못 했어요?

B ＿＿＿＿＿＿＿ 식당이 문을 안 열었어요.

5. A 내일 만날까요?

B 미안해요. ＿＿＿＿＿＿ 다음 주에 만나요.

6. A 오늘 식사하러 어디에 갈까요?

B ＿＿＿＿＿＿ 한식당에 가요!

7. A 마이클 씨한테 얘기했어요?

B 아니요, 어제 ＿＿＿＿＿＿ 마이클 씨를 못 만났어요.

Respuestas p.278

Ensayo de gramática

pista 128

-(으)ㄴ/는데 (pregunta) Preguntando a otra persona

신청서를 내야 하는데 어디에 내야 해요?

Tengo que presentar una solicitud, ¿dónde lo hago?

한국어를 잘 못하는데 어떻게 공부해야 해요?

No puedo hablar bien coreano, ¿cómo debería estudiar?

핸드폰을 잃어버렸는데 어떻게 해야 해요?

Perdí mi teléfono móvil, ¿qué debo hacer?

(acción) -(으)ㄴ/는데 (pensamiento/sentimiento) Contando a otros sus experiencias

산에 갔는데, 경치가 정말 아름다웠어요.

Fui a la montaña y la vista era realmente hermosa.

한국 음식을 먹었는데, 정말 맛있었어요.

Comí comida coreana y estaba realmente deliciosa

한국어를 공부하고 있는데, 조금 어려워요.

Estoy estudiando coreano, pero es un poco difícil.

Vocabulario adicional

- **Vocabulario relacionado con pertenencias**

신분증 documento de identidad

지갑 billetera

현금 dinero en efectivo

서류 documentación

화장품 cosméticos

핸드폰 teléfono móvil

이어폰 audífonos

Ensayo de conversación

pista **129**

색 + 크기/재료 + (sustantivo) Describiendo un bolso

어떤 가방이에요?   ¿Qué bolso es?

➥ 빨간색 작은 가방이에요.   ➥ Es un pequeño bolso rojo.

➥ 갈색 큰 가방이에요.   ➥ Es un gran bolso marrón.

➥ 검은색 가죽 가방이에요.   ➥ Es un bolso de cuero negro.

➥ 흰색 천 가방이에요.   ➥ Es un bolso de tela blanco.

(sustantivo) 이/가 있어요 Hablando acerca de sus pertenencias

가방 안에 뭐가 있어요?   ¿Qué hay en el bolso?

➥ 핸드폰이 있어요.   ➥ Hay un teléfono móvil.

➥ 핸드폰하고 여권이 있어요.   ➥ Hay un teléfono móvil y un pasaporte.

➥ 여권만 있어요.   ➥ Solo hay un pasaporte.

➥ 아무것도 없어요.   ➥ No hay nada.

Consejos de pronunciación

연락처 [열락처]

pista **130**

ㄴ se pronuncia como [ㄹ] si va antes de ㄹ. En el ejemplo anterior, ㄴ de 연 se reemplaza con la ㄹ de 락 conectada luego, y se cambia a [ㄹ]. De esta forma, 연락 se pronuncia [열락].

예 신라 [실라]   달나라 [달라라]

☕ Pausa para el café

Expresiones útiles en situaciones de emergencia

Hay situaciones en las que todos necesitan ayuda o rescate. Diga 도와주세요 para pedir ayuda a alguien si necesita ayuda en el idioma coreano o tiene problemas. Sin embargo, en películas o dramas, es posible que escuche las palabras 살려 주세요 en situaciones en las que la vida está en riesgo, como cuando alguien se ahoga y pide rescate, o cuando alguien pide por su vida a un criminal. También puede pedirle a alguien que se haya ofendido por su error que lo perdone, diciendo 한번만 봐 주세요.

Servicios Imprescindibles

119 Centro de informes de seguridad

119 es un servicio telefónico de la Agencia Nacional de Bomberos, que brinda primeros auxilios a los pacientes y los transporta a los hospitales en caso de un accidente repentino, o rescata vidas en un desastre como un incendio. El 119 es una llamada de emergencia utilizada por todo el país y puede marcar el 119 sin un número local. Las llamadas de emergencia se pueden realizar en teléfonos celulares bloqueados o en aquellos cuyo servicio ha sido suspendido. En otras palabras, es posible realizar una llamada de emergencia desde un teléfono con solo preocuparse por las baterías. Cuando un extranjero llama al 119, el centro 119 recibe un informe a través de una llamada telefónica de tres vías con un intérprete externo.

112 Centro de informes

El 112 es un número para denunciar varios delitos, y si se presenta un reporte al 112, el oficial de policía más cercano será enviado al lugar. La comunicación con el 112 se puede realizar por mensaje de texto o por teléfono, y la policía enviada responde por teléfono o mensaje de texto cómo se manejaron las cosas. Como el 112 es una llamada de emergencia como el 119, puede presionar 112 sin un número local y llamar desde un teléfono bloqueado. Al informar al 112, no es posible rastrear la ubicación del incidente  sin una evidencia clara de que la persona reportando ha estado expuesta al crimen, por lo que es aconsejable indicar la ubicación del incidente con el mayor detalle posible. El 112 debe usarse solo cuando se reporta un crimen, y en su lugar, debe llamarse al 182 para reportes que no son de emergencia, como asesoramiento sobre quejas policiales.

1345 Centro de Información General para Extranjeros

1345 es un centro de información del Ministerio de Justicia que brinda asesoramiento de la función pública e información administrativa necesaria para los extranjeros que se alojan en Corea. Por ejemplo, cuando los extranjeros que se quedan en Corea utilizan agencias administrativas, se apoyan en los servicios de interpretación de tres vías. Los servicios de asesoramiento telefónico están disponibles en 20 idiomas. Si presiona 1345 sin un número local y presiona el idioma deseado, el asesoramiento se llevará a cabo en el idioma apropiado. Dado que las horas de asesoramiento se limitan al horario laboral y hay pocos idiomas disponibles para el asesoramiento por la noche, es recomendable llamar durante el día si desea solicitar asesoramiento.

Capítulo **6**

Viajando en Corea

폴 스미스 (캐나다)
Paul Smith (Canada)

Capítulo 6

Viajando en Corea

Entrando a un hotel (registro)

방을 예약했는데 확인해 주시겠어요?

Hice la reserva de una habitación, ¿podría comprobarla?

Paul

Personal del hotel

Conversación

|---|---|---|---|
폴	방을 예약했는데 확인해 주시겠어요?	Paul	Hice la reserva de una habitación, ¿podría comprobarla?
직원	성함이 어떻게 되세요?	Personal	¿Cuál es su nombre?
폴	폴 스미스입니다.	Paul	Soy Paul Smith.
직원	1205호입니다. 그런데 12시부터 체크인이 가능합니다.	Personal	Es la habitación 1205. Sin embargo, puede registrarse a partir de las 12 en punto.
폴	그래요? 그럼, 지금 나가야 하는데 가방 좀 맡아 주시겠어요?	Paul	¿De verdad? Bueno, tengo que salir ahora. ¿Podría quedarse con mi bolso?
직원	알겠습니다.	Personal	Entendido.
폴	여기 가방 부탁합니다.	Paul	Le encargo el bolso.

▶ Nuevo vocabulario

방 habitación

예약하다 hacer un reserva

확인하다 confirmar

성함 nombre

체크인 registro

가능하다 es posible

나가다 salir

맡다 hacerse cargo

부탁하다 pedir

▶ Nuevas expresiones

예약을 확인해 주시겠어요?
¿Podría comprobar mi reserva?

성함이 어떻게 되세요?
¿Cuál es su nombre?

12시부터 체크인이 가능합니다.
Puede registrarse a partir de las 12 en punto.

가방 좀 맡아 주시겠어요?
¿Podría quedarse con mi bolso?

부탁합니다. Le encargo

▶ Acercamiento

❶ 성함이 어떻게 되세요?
(preguntando por el nombre de alguien)

En coreano, −(으)시− se combina con un verbo o adjetivo para darle un significado respetuoso. Además, algunos sustantivos que se usan a menudo en la vida cotidiana también se reemplazan por otros sustantivos. En esta conversación, 성함 reemplaza a la palabra 이름 (nombre) y en lugar de la pregunta 이름이 뭐예요?, se pregunta 성함이 어떻게 되세요?, como señal de respeto. Además, 나이 (edad) se reemplaza con 연세, 생일 (cumpleaños) se reemplaza con 생신, y 밥 (comida) se reemplaza con 진지.

(Ej.) 할머니, 진지 드셨어요?
Abuela, ¿ya comió?

(Ej.) 할아버지, 연세가 어떻게 되세요?
Abuelo, ¿cuántos años tiene?

❷ 부탁합니다
(para preguntar cortésmente a la otra persona)

Si le pide a alguien que haga algo por usted de forma formal, primero dígale lo que quiere preguntar y luego diga 부탁합니다. En esta conversación, después de pedir dejar la bolsa en el mostrador, entregó la bolsa y pidió con 부탁합니다 que sea tomada. Para que la otra persona se sienta más educada, puede reemplazar 부탁합니다 con 부탁 드립니다. Por ejemplo, cuando solicite hacer una llamada, diga 전화 부탁드립니다.

(Ej.) 지금 메일을 보냈습니다. 확인 부탁드립니다.
He enviado el correo ahora. Por favor confírmelo.

Retrospectiva

• Expresando la hora del día

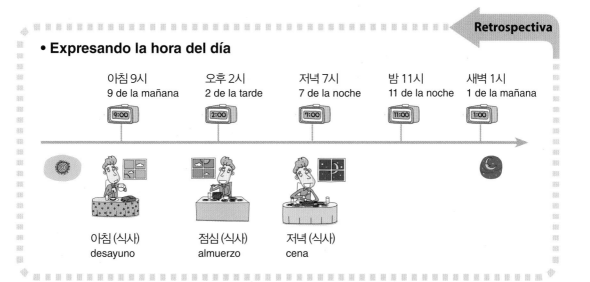

아침 9시	오후 2시	저녁 7시	밤 11시	새벽 1시
9 de la mañana	2 de la tarde	7 de la noche	11 de la noche	1 de la mañana

아침 (식사) desayuno 점심 (식사) almuerzo 저녁 (식사) cena

Enfoque Gramatical

Tabla gramatical **p.275**

–아/어 주시겠어요? ¿Podría..., por favor?

–아/어 주시겠어요? se usa para preguntar cortésmente a la otra persona. –아/어 주시겠어요? tiene el mismo significado que –아/어 주세요 que fue estudiado en la Escena 1, pero se usa cuando se pregunta con más cuidado y cortesía que con –아/어 주세요. Por ejemplo, –아/어 주시겠어요 se usa para preguntarle a alguien que no ha visto antes o para hacer una solicitud difícil a alguien que conoce. –아/어 주시겠어요? se usa con un verbo y se coloca con un signo de interrogación al final de la oración.

말하다	다시 한번 말해 주시겠어요?	¿Podría decírmelo de nuevo?
맡다	열쇠를 맡아 주시겠어요?	¿Podría llevarse las llaves?
들다	짐 좀 들어 주시겠어요?	¿Podría levantar mi equipaje?

Cuando le pida a la otra persona un objeto en lugar de una acción, use 주시겠어요? después del sustantivo.

| sustantivo | 영수증 주시겠어요? | ¿Podría darme un recibo? |

Cuando reciba una solicitud tan cortes de la otra persona, puede responder con un –아/어 드릴게요 o con –아/어 드리겠습니다, lo que significa que acepta la solicitud. –아/어 드릴게요 se utiliza en situaciones en las que no es necesario ser formal, como con alguien que conoce en la calle, y –아/어 드리겠습니다 se usa en situaciones formales, como cuando un empleado responde al cliente.

연락하다	A 확인되면 연락해 주시겠습니까?	¿Podría contactarme cuando esté confirmado?
	B 네, 연락해 드리겠습니다.	Sí, me pondré en contacto con usted.
★돕다	A 길을 잃어버렸는데 좀 도와주시겠어요?	Estoy perdido, ¿podría ayudarme?
	B 도와드릴게요.	Puedo ayudarle.

Autoevaluación

1~4 Cambie las siguientes oraciones usando –아/어 주시겠어요?.

Ej. 다시 한번 말해 주세요. → **다시 한번 말해 주시겠어요?**

1. 이 주소를 찾아 주세요. →

2. 조금 후에 연락해 주세요. →

3. 사진을 찍어 주세요. →

4. 여기에 사인해 주세요. →

5~8 Conecte cada oración con la opción correcta.

5. 한국 친구가 없어요.　　•

6. 10분 후에 회의가 끝나요. •

7. 지금 밖에 나가려고 해요. •

8. 아침 일찍 일어나야 돼요. •

• ㉠ 열쇠를 맡아 주시겠어요?

• ㉡ 아침에 전화해 주시겠어요?

• ㉢ 한국 사람을 소개해 주시겠어요?

• ㉣ 조금 더 기다려 주시겠어요?

9~12 Complete la conversación usando –아/어 주시겠어요?.

9. A 연락처를 _____?

　　B 네, 알려 드릴게요.

10. A 내일 저녁으로 _____?

　　B 네, 예약해 드리겠습니다.

11. A 다른 것을 _____?

　　B 네, 보여 드릴게요.

12. A 이것 좀 _____?

　　B 네, 치워 드리겠습니다.

Respuestas **p.278**

Ensayo de gramática

pista **132**

(sustantivo) 좀 –아/어 주시겠어요? Preguntando con cuidado

짐 좀 들어 주시겠어요?　　　　　　¿Podría levantar mi equipaje?

가방 좀 맡아 주시겠어요?　　　　　¿Podría quedarse con mi bolso?

택시 좀 불러 주시겠어요?　　　　　¿Podría llamarme un taxi?

7층 버튼 좀 눌러 주시겠어요?　　　¿Podría presionar el botón del séptimo piso?

(sustantivo) + 좀 더 주시겠어요? Solicitando más artículos

수건 좀 더 주시겠어요?　　　　　　¿Podría traer más toallas?

반찬 좀 더 주시겠어요?　　　　　　¿Podría traerme más guarniciones?

물 좀 더 주시겠어요?　　　　　　　¿Podría darme más agua?

이거 좀 더 주시겠어요?　　　　　　¿Podría darme más de esto?

Vocabulario adicional

• Vocabulario relacionado con el alojamiento

체크인 (입실) registro, entrada (check–in)

체크아웃 (퇴실) salida (check–out)

조식 포함 desayuno incluído

조식 제외 sin desayuno

1인실 habitación individual

2인실 habitación doble

다인실 habitación compartida

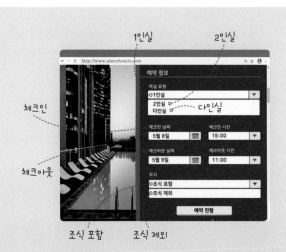

Ensayo de conversación

pista 133

(sustantivo) 이/가 어떻게 되세요? Cuando un empleado solicita información a un cliente

성함이 어떻게 되세요?	¿Cuál es su nombre?
직업이 어떻게 되세요?	¿En qué trabaja?
연락처가 어떻게 되세요?	¿Cuál es su información de contacto?
가족이 어떻게 되세요?	¿Cómo está su familia?

(contenido de la solicitud) 부탁합니다 Preguntando a la otra persona

언제요? ¿Cuándo?

➥ 내일 부탁합니다. ➥ Mañana por favor.

몇 시요? ¿A qué hora?

➥ 7시에 부탁합니다. ➥ A las 7 en punto por favor.

어떤 거요? ¿Cuál?

➥ 커피 부탁합니다. ➥ Café, por favor.

Consejos de pronunciación

부탁합니다 [부타캄니다]

pista 134

Cuando las consonantes finales ㄱ, ㄷ, ㅂ, ㅈ se combina con la consonante siguiente ㅎ, el sonido se combina, y se pronuncia como [ㅋ, ㅌ, ㅍ, ㅊ]. En el ejemplo anterior, al consonante final [ㄱ] de 부탁 se pronuncia como [ㅋ] si va seguida de ㅎ. Además, la consonante final [ㄱ, ㄷ, ㅂ] se pronuncia como [ㅇ, ㄴ, ㅁ] si va seguida de ㄴ, ㅁ. En el ejemplo anterior, ㅂ de 합니다 se pronuncia como [ㅁ] ya que va seguida de ㄴ. Por lo tanto, 부탁합니다 se pronuncia como [부타캄니다].

Pausa para el Café

Expresando el período de viaje: 0박 0일

Al referirse a la duración del viaje, expréselo como 0박 0일. Por ejemplo, si sale el lunes, pasa la noche del lunes y martes, y regresa el miércoles, se expresa como 2박 3일 (3 días y 2 noches). En este momento, el número se lee como carácter chino. Asimismo, si comienza el lunes, duerme 3 noches y regresa el jueves, el viaje se expresa como 3박 4일 (4 días y 3 noches). Si no se queda en su alojamiento durante su viaje y pasa la noche viajando en tren o en avión, a veces se expresa como 무박 2일 (dos días sin noches).

Estancia en el templo:
Disfrutando de la meditación en un templo en Corea

Aunque el budismo no es la religión estatal de Corea, históricamente ha estado muy cerca de los coreanos. En estos días, puede acercarse al budismo a través de programas de estadía en el templo que abren los templos al público en general, no solo a los budistas. Las estadías en el templo se llevan a cabo en la mayoría de los templos representativos de todo el país. Hay un programa de un día y un programa para permanecer en el templo por una noche. El programa se lleva a cabo sin distinción entre coreanos y extranjeros, y dado que la mayoría de los programas se llevan a cabo mediante meditación o demostración, los extranjeros pueden participar sin problema.

Las reservas y las aplicaciones se pueden hacer en línea, pero una vez que llegue al templo, puede cambiar su ropa por túnicas budistas y comenzar una estadía en el templo en toda regla. Las estadías en el templo tienen las mismas reglas en toda Corea, pero dado que los hombres y las mujeres están separados y viven en una habitación grande para el mismo sexo, incluso si participa como familia, debe seguir estas reglas.

Además, todas las luces del templo se apagan a las 9:30, por lo que debe acostarse y levantarse a las 3:30 o 4 a.m. y seguir la vida grupal de participar en el culto de la mañana. Además, se prohíbe la toma de fotografías o videos en los terrenos del templo. También se prohíbe fumar y beber, y de esta manera, la estancia en el templo comienza sometiendo los deseos individuales y siguiendo la "disciplina tabú".

En la estancia en el templo, puede participar y meditar en el "servicio ceremonial antes del amanecer" y la "meditación zen", que son ceremonias budistas representativas, y disfrutar de una comida budista a través de la "ofrenda de comida". Además, la "ceremonia del té", la "fabricación de linternas de loto", "calcos", "recorrido por el templo", "trabajo comunitario", "artes marciales budistas", "fabricación de cuentas budistas", etc. Si es un extranjero en Corea, vale la pena probar la estancia en el templo porque es posible experimentar directamente el budismo coreano.

Comprando entradas

돌아오는 배가 몇 시에 있어요?

¿A qué hora es el barco de regreso?

Paul

Personal de la boletería

Conversación

폴	섬에 가는 배 표를 사고 싶어요.	Paul	Quisiera comprar un boleto para el barco a la isla.
직원	왕복으로 가실 거예요? 편도로 가실 거예요?	Personal	¿Va de ida y vuelta? ¿o va en un solo sentido?
폴	왕복으로 주세요.	Paul	Viaje de ida y vuelta, por favor.
직원	몇 명 가실 거예요?	Personal	¿Cuántas personas van?
폴	한 명요. 얼마예요?	Paul	Una persona. ¿Cuánto cuesta?
직원	왕복 표가 12,000원입니다.	Personal	El boleto de ida y vuelta cuesta 12,000 wones.
폴	돌아오는 배가 몇 시에 있어요?	Paul	¿A qué hora es el barco de regreso?
직원	저녁 6시에 있어요.	Personal	A las 6 de la noche.
폴	감사합니다.	Paul	Gracias.

섬 isla

표 boleto

사다 comprar

왕복 viaje de ida y vuelta

편도 viaje de un solo sentido

명 persona

돌아오다 volver

저녁 noche

왕복으로 가실 거예요?
¿Va de ida y vuelta?

편도로 가실 거예요?
¿Va en un solo sentido?

몇 명 가실 거예요?
¿Cuántas personas van?

돌아오는 배가 몇 시에 있어요?
¿A qué hora es el barco de regreso?

❶ 섬 y 도 (palabras para describir una isla)

En coreano, cuando se refiere a una isla, a veces se la llama 섬 y otras veces como 도. Cuando se hace referencia a una isla como sustantivo común, se la llama 섬, y cuando se la llama por su nombre propio, se lee añadiendo 도 al nombre (por ejemplo: 제주도, 독도, etc.). Además, cuando se hace referencia a un templo budista en general se usa 절, y aquellos con nombre propio se usan con 사 al final del nombre (por ejemplo: 조계사, 범어사, etc.).

Ej.) 제가 어제 '울릉도'라는 섬에 갔다 왔어요.
Ayer fui a una isla llamada Ulleungdo.

❷ 몇 명 y 몇 시 (cuando pregunte acerca de números)

Cuando pregunte acerca de números, use 몇 cuando haga la pregunta. Sin embargo, al responder, según el significado, el número se pronuncia usando números coreanos o de caracteres chinos. En esta conversación, la frase 몇 명 pregunta por la cantidad de personas y la respuesta se hace con la cantidad en números coreanos. Mientras que la frase 몇 시 pregunta por la hora actual y se responde usando números de caracteres chinos. Por ejemplo, al responder a la pregunta 몇 번, si una pregunta pide el número de veces, la respuesta es con números coreanos; y si la pregunta es por un numero solamente, se usan caracteres chinos.

Ej.) A 제주도에 몇 번 갔어요?
¿Cuántas veces ha estado en la isla de Jeju?

B 2(두)번 갔어요.　　　Fui dos veces.

Ej.) A 지금 몇 번 문제를 했어요?
¿Qué número de problema hizo?

B 2(이)번 문제를 했어요.　Hice el número 2.

Retrospectiva

• Verbos Irregulares 2: Eliminando ㄹ

Cuando la raíz de un verbo termina en ㄹ (Ej. 알다, 살다), o la raíz de un adjetivo termina en ㄹ (Ej. 멀다, 길다), y estos se combinan con una terminación que comienza con ㄴ, ㄹ, ㅂ, ㅅ, entonces de la raíz del verbo o adjetivo se elimina la ㄹ.

Cuando se elimina ㄹ		Cuando no se elimina ㄹ	
살다: 살 + -니까 → 사니까	멀다: 멀 + -니까 → 머니까	살다: 살 + -아요 → 살아요	멀다: 멀 + -어요 → 멀어요
살다: 살 + -ㄹ 거예요 → 살 거예요	멀다: 멀 + -ㄹ 거예요 → 멀 거예요	살다: 살 + -고 → 살고	멀다: 멀 + -고 → 멀고
살다: 살 + -ㅂ니다 → 삽니다	멀다: 멀 + -ㅂ니다 → 멉니다	살다: 살 + -지만 → 살지만	멀다: 멀 + -지만 → 멀지만
살다: 살 + -세요 → 사세요	멀다: 멀 + -세요 → 머세요	살다: 살 + -면 → 살면	멀다: 멀 + -면 → 멀면

Enfoque Gramatical

Tabla gramatical **p.275**

—는 Modificando verbos con

La terminación —는 forma una cláusula tubular que modifica un sustantivo. A diferencia del español, en coreano la cláusula —는 siempre debe escribirse antes del sustantivo que la modifica. Cuando el contenido a modificar está en el mismo tiempo que el contenido de la cláusula principal, por ejemplo, en tiempo presente; ya sea que la raíz del verbo termine en vocal o en consonante, se combina con la terminación —는.

가다   제주도로 가는 비행기 표를 사고 싶어요.
         Quiero comprar un boleto de avión a la isla de Jeju.

좋아하다   비빔밥은 제가 제일 좋아하는 음식이에요.
         Bibimbap es mi comida favorita.

있다   정원이 있는 집에 살고 싶어요.
         Quiero vivir en una casa con jardín

먹다   매일 아침을 먹는 사람이 건강해요.
         Las personas que desayunan todos los días son saludables.

웃다   저는 잘 웃는 사람을 좋아해요.
         Me gusta la gente que ríe.

En los verbos cuya silaba final termina en ㄹ (por ejemplo: 살다, 알다), la ㄹ se elimina debido al primer sonido de ㄴ en la última sílaba.

★살다   지금 사는 곳이 명동이에요.
         El lugar donde vivo es Myeongdong

! ¡Cuidado!

Los siguientes son verbos cuya raíz termina en [ㄱ, ㄷ, ㅂ]. La terminación de la raíz [ㄱ, ㄷ, ㅂ] se pronuncia como [ㅇ, ㄴ, ㅁ] debido al primer sonido de la siguiente sílaba ㄴ.

[ㄱ] → [ㅇ]	[ㄷ] → [ㄴ]	[ㅂ] → [ㅁ]
먹 + 는 → [멍는]	듣 + 는 → [든는]	입 + 는 → [임는]
닦 + 는 → [당는]	웃 + 는 → [운는]	돕 + 는 → [돔는]
읽 + 는 → [잉는]	찾 + 는 → [찬는]	줍 + 는 → [줌는]

Autoevaluación

1~3 Mire la imagen y complete la oración usando –는.

1.

매일 _____ 친구가 진수예요.
　　　　(전화하다)

2.

저는 1시에 _____ 비행기를 타요.
　　　　　　(출발하다)

3.

폴 씨가 잘 _____ 음식이 김치찌개예요.
　　　　　　(만들다)

4~6 Elija la opción correcta y use –는 para completar la conversación.

| 먹을 수 없다 | 명동에 가다 | 외국인이 좋아하다 | 옆에 앉아 있다 |

Ej. A ___옆에 앉아 있는___ 사람이 누구예요?

　　　 B 존 씨예요.

4. A _____ 음식이 뭐예요?

　　　 B 삼계탕이에요.

5. A _____ 곳이 어디예요?

　　　 B 경복궁이에요.

6. A _____ 지하철이 몇 호선이에요?

　　　 B 4호선이에요.

Respuestas **p.278**

Ensayo de gramática

pista 136

─는 (sustantivo)이/가 뭐예요/누구예요/어디예요/언제예요? Al describir un sustantivo en detalle

아침에 먹는 음식이 뭐예요? ¿Qué comida desayuna?

이 사진에서 웃고 있는 사람이 누구예요? ¿Quién ríe en esta imagen?

매일 혼자 산책하는 곳이 어디예요? ¿Por dónde camina solo todos los días?

고향에서 친구가 오는 날이 언제예요? ¿Cuándo vendrá su amigo de su ciudad natal?

이거 ─는 거예요? Identificando sustantivos

이거 어떻게 먹는 거예요? ¿Cómo se come esto?

이거 어떻게 하는 거예요? ¿Cómo hace esto?

이거 뭘로 만드는 거예요? ¿Qué está haciendo con esto?

이거 뭘로 쓰는 거예요? ¿Qué está usando para esto?

Vocabulario adicional

- **vocabulario relacionado un costo "비"**

  교통비 costo de transporte

  식비 costo de comida

  숙박비 costo de alojamiento

- **vocabulario que indica el uso "금"**

  상금 premio en metálico

  등록금 matrícula

  장학금 beca

- **vocabulario relacionado con las tarifas "료"**

  입장료 tarifas de entrada

  이용료 tarifas de uso

  수수료 tarifas

- **vocabulario relacionado con el origen del dinero "돈"**

  용돈 dinero de bolsillo

  세뱃돈 dinero del salario

Ensayo de conversación

(sustantivo) (이)나 (sustantivo) Hablando de opciones

어떻게 가요?　　　　　　　　　　　¿Cómo se llega allí?

➡ 비행기나 배로 가요.　　　　　　　➡ Puede ir en avión o barco.

뭐 마셔요?　　　　　　　　　　　　¿Qué desea beber?

➡ 커피나 주스를 마셔요.　　　　　　➡ Bebo café o jugo.

뭐 먹어요?　　　　　　　　　　　　¿Qué desea comer?

➡ 김밥이나 샌드위치를 먹어요.　　　➡ Como kimbap o sándwich.

-(으)면 어떻게 해요? Preguntando sobre una emergencia

사고가 나면 어떻게 해요?　　　　　¿Qué pasa si tengo un accidente?

현금이 없으면 어떻게 해요?　　　　¿Qué pasa si no tengo efectivo?

날씨가 안 좋으면 어떻게 해요?　　　¿Qué pasa si hace mal tiempo?

한국어를 못 알아들으면 어떻게 해요?　¿Qué pasa si no entiendo coreano?

Consejos de pronunciación

몇 명 [면 명], **몇 개** [멷 깨], **몇 호실** [며 토실]

pista **138**

Las consonantes finales ㄷ, ㅌ, ㅅ, ㅈ, ㅊ, ㅎ se pronuncian como [ㄷ], por los que 몇 se pronuncia como [멷]. En 몇 명, la sílaba 몇, donde [ㄷ] está seguida de ㅁ, cambia su pronunciación a [ㄴ], resultando [면 명]. En el caso de 몇 개, la silaba 몇, donde [ㄷ] está seguida de ㄱ, cambia su pronunciación a [ㄲ], resultando [멷 깨]. Finalmente en el caso de 몇 호실, la silaba 몇, donde [ㄷ] está seguida de ㅎ, cambia su pronunciación a [ㅌ], resultando [며 토실].

 Pausa para el café

Preguntando por el primer y el último viaje

Al realizar un viaje, es necesario consultar los horarios del 첫차 (primer viaje) y 막차 (último viaje) para los medios de transporte como bus, metro y tren. Entonces, al comprar un boleto, puede preguntar 첫차가 몇 시예요? (¿a qué hora es el primer viaje?), o puede también preguntar 막차가 몇 시예요 (¿a qué hora es el último?). Por otro lado, para un barco o un avión, el primer viaje del día no se denomina 첫차, sino 첫배 o 첫비행기. Sin embargo, recuerde que la última operación no se conoce como 막차, sino como 마지막 배 o 마지막 비행기.

La topografía de Corea

Corea es un país peninsular rodeado por mar en tres lados, el Mar del Este, el Mar del Sur y el Mar del Oeste. El Mar del Este está conectado con el Océano Pacífico, la profundidad del agua es considerable y la costa es simple, por lo que puede disfrutar del mar fresco y del amanecer en la playa. Por otro lado, el Mar del Sur y el Mar del Oeste son menos profundos que el Mar del Este, y hay muchas islas, lo que lo convierte en una costa compleja. En particular, la costa sur está formada por miles de pequeñas islas que le dan el nombre de 다도해 (mar con muchas islas), por lo que cuenta con una vista panorámica. El Mar del Oeste tiene el ecosistema de marismas más grande del mundo en aguas poco profundas y por reflujos de marea. Debido a la característica geográfica del mar en todas las regiones, excepto Chungcheongbuk–do en Corea, muchos alimentos coreanos usan mariscos.

Además, Corea tiene muchas montañas. Se dice que alrededor del 70% de la península de Corea está formada por zonas montañosas, por lo que hay más zonas montañosas que llanuras. Las montañas altas se encuentran en el lado norte de la península de Corea y las montañas bajas se encuentran en el lado sur de la península de Corea. Las montañas Taebaek se extienden de norte a sur en la península de Corea, y las montañas están sesgadas hacia el este de la península, lo que hace que la topografía en el este sea alta, y baja en el oeste. Puede encontrar montañas fácilmente en la mayor parte de Corea. Por ejemplo, hay hasta 26 montañas en Seúl, la mayoría de las cuales son tan bajas como 250–300 m, pero algunas de ellas son relativamente altas (700–900 m). Puede ir a la entradas de las montañas en Seúl a través del metro, por lo que los fines de semana, hay muchas personas que disfrutan de la escalada, y se puede encontrar fácilmente a personas con ropa de senderismo en el metro.

Debido a las características geográficas de Corea, hay muchas áreas montañosas y la densidad de población de las llanuras donde la gente puede vivir es alta. Además, la densidad de población del área metropolitana es tan alta, que alrededor del 50% de la población de Corea se concentra en el área metropolitana de Seúl. De hecho, aunque Seúl es bastante grande como una metrópolis, la densidad de población de Seúl es aproximadamente ocho veces mayor que la de Nueva York y tres veces mayor que la de Tokio debido a la concentración de población.

En el destino de viaje

Obteniendo recomendaciones de restaurantes famosos

'바다' 식당에 가 보세요

Vaya al restaurante "Bada"

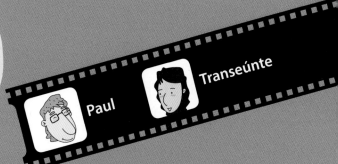

Paul

Transeúnte

Conversación

폴	저……. 이 근처에 맛집 있어요?
한국인	맛집요? 무슨 음식을 좋아하세요?
폴	저는 한국 음식 다 좋아해요.
한국인	그럼, '바다' 식당에 가 보세요. 거기 해산물 요리가 진짜 맛있어요.
폴	여기에서 멀어요?
한국인	아니요, 가까워요. 지도로 식당 위치를 알려 드릴게요.

Paul	Disculpe, ¿hay restaurantes famoso por aquí?
Coreana	¿Un restaurante? ¿Qué comida le gusta?
Paul	Me gusta toda la comida coreana.
Coreana	Entonces, vaya al restaurante "Bada". Allí los platos de marisco son realmente buenos.
Paul	¿Está lejos de aquí?
Coreana	No, está cerca. Le mostraré la ubicación del restaurante en un mapa.

▶ Nuevo vocabulario

맛집 restaurante famoso

좋아하다 gustar

다 todos

식당 restaurante

해산물 marisco

요리 cocina

진짜 en verdad

맛있다 delicioso, bueno

에서 en

멀다 lejos

가깝다 cerca

지도 mapa

위치 ubicación

알리다 informar

▶ Nuevas expresiones

이 근처에 맛집 있어요?
¿Hay restaurantes famoso por aquí?

저는 한국 음식 다 좋아해요.
Me gusta toda la comida coreana.

여기에서 멀어요? ¿Está lejos de aquí?

▶ Acercamiento

❶ Adverbio 다 (el adverbio significa "todos")

El adverbio 다 significa "todos" y modifica un verbo o adjetivo. En esta conversación, 다 es una modificación del verbo 좋아하다 (gustar). Sin embargo, 다 es un adverbio, por lo que no se puede usar delante de un sustantivo para modificar un sustantivo. Por lo tanto, al modificar un sustantivo para decir "todos" se usa 모든.

(Ej.) 갈비, 불고기, 삼겹살이 다 맛있어요.
Galbi, bulgogi y tocino son todos deliciosos.

(Ej.) 모든 음식이 안 매워요.
No toda la comida es picante.

❷ –아/어 드릴게요 (para expresar un ofrecimiento)

–아/어 드릴게요 es un patrón que se utiliza para significar que se está dispuesto a ofrecer algo por alguien que lo necesita. –아/어 드릴게요 se usa principalmente para responder una solicitud. En la conversación, el transeúnte dijo 알려 드릴게요 (se lo diré) para indicar la ubicación de un restaurante en el mapa para Paul, quien pregunta por un restaurante. Si la otra persona es un amigo, y no se necesita ser formal, se puede usar –아/어 줄게요.

(Ej.) A 내일 책을 갖다드릴게요. (= 갖다줄게요)
Le traeré un libro mañana.

B 감사합니다. Gracias.

Retrospectiva

• Verbos Irregulares 3: Eliminando ㄷ y ㅂ

1. Eliminando ㄷ

Si los verbos irregulares con raíz que termina en ㄷ (Ej. 듣다, 걷다) se usan con una terminación que inicie con vocal (Ej. –아/어요, –은), la ㄷ se cambia por ㄹ y se usa. Sin embargo, incluso si una terminación con vocal se combina en una raíz de verbo regular (Ej. 닫다, 받다) con una raíz con ㄷ, la raíz no cambia.

2. Eliminando ㅂ

Si los verbos irregulares con raíces que terminan en ㅂ (Ej. 줍다, 굽다) o adjetivos irregulares (Ej. 덥다, 쉽다) se conjugan con una terminación que inicie con vocal (Ej. –아/어요, –은), la consonante final ㅂ se cambia por 우 y se conjuga. Sin embargo, los verbos regulares cuyas raíces terminan en ㅂ (Ej. 입다, 씹다) o adjetivos regulares (Ej. 좁다) mantienen la ㅂ para conjugarse.

	Verbo Irregular	Verbo Regular
ㄷ	듣다: 듣 + –어요 → 들 + –어요 → 들어요 (Ej.) 매일 음악을 들어요. Escucho música todos los días.	받다: 받 + –아요 → 받아요 (Ej.) 친구한테서 선물을 받아요. Recibo un regalo de mi amigo.
ㅂ	쉽다: 쉽 + –어요 → 쉬우 + –어요 → 쉬워요 (Ej.) 이번 숙제가 쉬워요. Esta tarea es fácil.	입다: 입 + –어요 → 입어요 (Ej.) 진수는 매일 티셔츠를 입어요. Jinsu usa una camiseta todos los días.

Tabla gramatical **p.275**

–아/어 보세요 Intente…

–아/어 보세요 es un patrón de oración que se usa con verbos para alentar a la otra persona a intentar algo, recomendar, sugerir o dar un consejo. El verbo 하다 se conjuga en este caso como 해 보세요. Cuando la raíz del verbo termina con las vocales ㅏ ㅗ ㅗ, la raíz se conjuga con –아 보세요, con el resto de verbos se usa –어 보세요.

운동하다 매일 30분씩 운동해 보세요. 건강이 좋아질 거예요.
Intente hacer ejercicio durante 30 minutos todos los días, su salud mejorará.

가다 제주도에 꼭 가 보세요. 경치가 정말 좋아요.
Por favor, vaya a la isla de Jeju. La vista es realmente buena.

찾다 인터넷에서 정보를 찾아보세요. 쉽게 찾을 수 있어요.
Encuentre información en internet. Es fácil de encontrar.

먹다 이 떡을 한번 먹어 보세요. 정말 맛있어요.
Pruebe este pastel de arroz. Es muy sabroso.

Cuando se combina el verbo 보다 con la terminación –아/어 보세요, se usa como 보세요 en lugar de 봐 보세요.

★보다 이 영화를 한번 보세요. 진짜 재미있어요.
Eche un vistazo a esta película. Es realmente divertida.

Cuando se responde a una recomendación o sugerencia con –아/어 보세요, se usa –아/어 볼게요.

마시다 A 이 차가 진짜 맛있어요. 한번 마셔 보세요.
Este té es realmente bueno. Inténtelo.

B 네, 마셔 볼게요.   Sí, lo beberé.

읽다 A 이 책이 진짜 재미있어요. 한번 읽어 보세요.
Este libro es realmente divertido. Por favor, léalo.

B 알겠어요. 읽어 볼게요.   Está bien. Lo leeré.

Autoevaluación

1~4 Complete las oraciones usando –아/어 보세요.

1. 이 식당에 한번 _____. 음식이 맛있어요.
(가다)

2. 이 옷을 한번 _____. 옷이 진짜 멋있어요.
(입다)

3. 친구 연락을 조금 더 _____. 친구가 곧 연락할 거예요.
(기다리다)

4. 이 음악을 한번 _____. 노래 가사가 진짜 좋아요.
(듣다)

5~9 Complete la conversación usando –아/어 보세요.

5. A 케이블카를 _____ . 경치가 진짜 좋아요.
B 네, 케이블카를 타 볼게요.

6. A 이 안경을 _____ . 진짜 잘 어울릴 거예요.
B 알겠어요, 안경을 써 볼게요.

7. A 이 운동화를 _____ . 진짜 편해요.
B 네, 한번 신어 볼게요.

8. A 김치를 _____ . 아마 재미있을 거예요.
B 네, 김치를 만들어 볼게요.

9. A 매일 공원을 _____ . 그러면 기분도 좋아질 거예요.
B 알겠어요. 걸어 볼게요.

Respuestas **p.278**

Ensayo de gramática

pista 140

(Sustantivo)을/를 좋아하면 한번 –아/어 보세요 · Haciendo recomendaciones

바다를 좋아하면 섬에 한번 가 보세요. · Si le gusta el mar, vaya a la isla.

생선을 좋아하면 회를 한번 먹어 보세요. · Si le gusta el pescado, pruebe el pescado crudo.

커피를 좋아하면 이 커피를 한번 마셔 보세요. · Si le gusta el café, pruebe este café.

한국 음악을 좋아하면 이 음악을 한번 들어 보세요. · Si le gusta la música coreana, escuche esta música.

꼭 –아/어 보세요 · Recomendando encarecidamente

바닷가에 꼭 가 보세요. 진짜 좋아요. · Por favor vaya a la playa. Es realmente bueno.

케이블카를 꼭 타 보세요. 진짜 편해요. · Asegúrese de viajar en teleférico. Es realmente cómodo.

해산물을 꼭 먹어 보세요.
진짜 맛있어요. · Pruebe el marisco. Es muy bueno.

김치를 꼭 만들어 보세요.
진짜 재미있어요. · Asegúrese de hacer kimchi. Es realmente divertido.

Vocabulario adicional

- **Vocabulario relacionado alojamiento**
  호텔 hotel
  게스트하우스 casa de huéspedes
  민박 minbak

- **Vocabulario relacionado transporte**
  비행기 avión
  기차 tren
  버스 bus

- **Vocabulario relacionado atracciones**
  유적지 reliquias
  관광지 destinos turísticos

- **Vocabulario relacionado comida**
  전통 음식 comida tradicional
  지역 음식 comida local

Ensayo de conversación

pista 141

-(으)ㄹ 거예요 Dando a conocer sus expectativas

맛있을 거예요.	Será delicioso.
괜찮을 거예요.	Estará bien.
재미있을 거예요.	Será divertido.
문제 없을 거예요.	No habrá problema.

제가 -아/어 드릴게요 Al hacer un favor a alguien

한국어를 잘 못 써요.	No puedo escribir bien coreano.
➡ 제가 써 드릴게요.	➡ Lo escribiré.
가방이 너무 무거워요.	La bolsa pesa demasiado.
➡ 제가 도와드릴게요.	➡ Deje que le ayude.
사진을 보고 싶어요.	Quiero ver la foto.
➡ 제가 보여 드릴게요.	➡ Se la mostraré.
이 문법을 잘 모르겠어요.	No estoy seguro de esta gramática.
➡ 제가 설명해 드릴게요.	➡ La explicaré

Consejos de pronunciación

pista 142

맛집 [맏찝]

En la palabra 맛, la consonante final ㅅ se pronuncia como [ㄷ]. Las consonantes ㄱ, ㄷ, ㅂ, ㅅ, ㅈ se pronuncian como [ㄲ, ㄸ, ㅃ, ㅆ, ㅉ] cuando van a continuación de las consonantes finales [ㄱ, ㄷ, ㅂ]. En el ejemplo anterior, el primer sonido de 집, la consonante ㅈ se pronuncia como [ㅉ] debido a que es seguida por 맛, cuya terminación es [ㄷ]. Por tanto, 맛집 se pronuncia [맏찝].

예 밧줄 [받쭐] 낮잠 [낟짬] 꽃집 [꼳찝]

☕ Pausa para el café

Al tomar fotografías con coreanos

Cuando se toman fotografías con coreanos, se toman fotografías diciendo 김치 después de 하나, 둘, 셋. Esta es una palabra que los coreanos dicen mucho al tomar fotografías. Al tomar fotografías con jóvenes estudiantes coreanos, muchos de ellos usan sus dedos índice y medio para marcar una v. Ahora todos juntos, sonrían ampliamente, digan 김치 y tomen una foto.

Comentario del director

Transporte cuando se viaja a nivel nacional

Veamos los métodos de transporte que los coreanos utilizan principalmente cuando viajan por Corea sin conducir en automóvil.

Primero, los aviones se utilizan de manera abrumadora cuando se viaja hacia y desde la isla de Jeju. Por supuesto, puede viajar de Nam-do a Jeju-do en barco, pero los coreanos utilizan principalmente aviones para este trayecto. De hecho, entre las rutas aéreas del mundo, se eligió la ruta Seúl-Jeju como la ruta con más aviones desplegados. Debido a la gran cantidad de pasajeros, la competencia entre las aerolíneas de bajo costo es feroz y, a menudo, hay descuentos en los boletos de avión, por lo que, si tiene suerte, también puede volar a precios muy bajos. El tiempo de vuelo es de solo 50 minutos en avión desde Seúl a Jeju. Para llegar a Jeju desde Seúl en avión, puede utilizar el aeropuerto de Gimpo.

Los trenes son la forma más rápida de llegar a áreas distintas a la isla de Jeju. Los trenes de alta velocidad como KTX y SRT llegan a Busan en aproximadamente 2 horas y 30 minutos desde Seúl y a Yeosu en aproximadamente 4 horas. Además de los trenes de alta velocidad, también hay trenes regulares que paran en estaciones en el camino, pero solo se necesitan de 4 a 5 horas para llegar a Busan. Si se toma la molestia de reservar un poco antes de su viaje, puede conseguir un viaje más barato con más descuentos de los que cree. En Seúl, los trenes que se dirigen al este a menudo se encuentran en la estación Cheongnyangni, y los trenes que se dirigen al sur están en la estación de Seúl o la estación Yongsan.

Los buses exprés no tienen el mismo descuento que los trenes, pero tienen la ventaja de poder partir en cualquier momento. Puede tomar un bus que sale en 30 minutos yendo a la terminal de bus exprés sin hacer una reserva con anticipación. Además, dado que los buses van a áreas donde los aviones o los trenes no pueden llegar, a los coreanos les encantan los buses exprés cuando viajan por todo el país. Los buses de carretera incluyen buses de carretera regulares y buses de carretera premium, y buses de carretera premium nocturnos que funcionan de noche, para que pueda elegir según sus necesidades. Hay dos terminales de buses exprés que salen de Seúl. Una es la Terminal de buses exprés de Seúl 서울고속버스터미널 (en la estación Terminal de Autobuses Exprés de la Línea 3 del Metro), que se divide en la Línea Gyeongbu que va hacia Gyeòngsang-do y la Línea Honam que va hacia Jeolla-do. La otra es la terminal de autobuses Sangbong Express 상봉 고속버스터미널 (estación de Gangbyeon de la línea 2 del metro), que maneja principalmente la ruta a Gangwon-do.

Hablando con un amigo

Hablando de experiencias de viaje

한국에서 여행해 봤어요?

¿Ha viajado alguna vez en Corea?

Paul   Yujin

Conversación

유진	한국에서 여행해 봤어요?
폴	네, 몇 번 여행해 봤어요.
유진	어디가 제일 좋았어요?
폴	제주도가 제일 좋았어요.
유진	그럼, 경주에 가 봤어요?
폴	아니요, 아직 못 가 봤어요.
유진	그래요? 나중에 꼭 가 보세요. 야경이 진짜 멋있어요.
폴	그럴게요.

Yujin	¿Ha viajado alguna vez en Corea?
Paul	Sí, he viajado varias veces.
Yujin	¿Dónde le gustó más?
Paul	La isla de Jeju fue lo mejor.
Yujin	Entonces, ¿ha estado en Gyeongju?
Paul	No, aún no he estado allí.
Yujin	¿Ah sí? Vaya más tarde sin falta. La vista nocturna es muy bonita.
Paul	Está bien.

▶ Nuevo vocabulario

한국 Corea

여행하다 viajar

몇 번 ¿cuántas veces?

어디가 ¿dónde?

제주도 Isla de Jeju (un lugar en Corea)

경주 Gyeongju (un lugar en Corea)

나중에 más tarde, después

꼭 sin falta

야경 vista nocturna

멋있다 bonito

▶ Nuevas expresiones

한국에서 여행해 봤어요?
¿Ha viajado alguna vez a Corea?

몇 번 여행해 봤어요.
He viajado varias veces.

어디가 제일 좋았어요?
¿Dónde le gustó más?

아직 못 가 봤어요.
Aún no he estado allí.

나중에 꼭 가 보세요.
Vaya más tarde sin falta.

그럴게요.
Está bien.

▶ Acercamiento

❶ 몇
(para decir algunos)

몇 es una expresión aproximada de no muchos números. Por lo tanto, 몇 번 indica "no muchas veces" y 몇 명 indica "no muchas personas". En coreano 몇 también se usa cuando se pregunta sobre números, por lo que a veces se usa 몇 번 tanto en la pregunta, como en la respuesta.

(Ej.) A 제주도에 몇 번 갔어요?
　　　¿Cuántas veces ha estado en la isla de Jeju?
　　　B 몇 번 갔어요.
　　　He ido varias veces.

❷ 꼭
(El adverbio)

El adverbio 꼭 se utiliza con las terminaciones −(으)세요 o −아/어 보세요 para recomendar o recomendar encarecidamente. El adverbio 한번 se usa cuando se habla bajo la intensidad de una solicitud o recomendación. Cuando se usa con una negación, como en −지 마세요, se usa 절대(로) (absolutamente) en lugar de 꼭 (sin falta).

(Ej.) 한국 음식을 꼭 배워 보세요. 진짜 재미있어요.
Intente aprender cocina coreana sin falta.

(Ej.) 한국 춤을 한번 배워 보세요. 어렵지만 재미있어요.
Intente una vez aprender la danza coreana.

(Ej.) 앞으로 절대 담배를 피우지 마세요. 담배가 몸에 안 좋아요.
A partir de ahora, no fume nunca.

Retrospectiva

• Vocabulario para describir emociones

기분이 좋다
sentirse bien

기분이 나쁘다
sentirse mal

놀라다
sorprenderse

아프다
sentirse enfermo

행복하다
feliz

슬프다
triste

당황하다
avergonzado(debido a una acción inesperada)

졸리다
somnoliento

화가 나다
enojado

무섭다
asustado

피곤하다
cansado

부끄럽다
avergonzado

Tabla gramatical **p.276**

–아/어 봤다 Lo he hecho…

–아/어 봤다 se usa con un verbo para indicar si se ha experimentado o probado algo. El verbo 하다 se usa como 해 봤다. Cuando la raíz del verbo termina con una vocal ㅏ, ㅗ se usa con –아 봤다, para el resto se usa –어 봤다.

하다	A 한국 게임을 해 봤어요?	¿Ha jugado juegos coreanos?
	B 네, 전에 해 봤어요.	Sí, lo he hecho antes.
먹다	A 삼계탕을 먹어 봤어요?	¿Ha comido Samgyetang?
	B 네, 먹어 봤어요.	Sí, lo probé.

안 se usa para expresar que nunca se ha hecho algo. Sin embargo, al expresar que hemos querido hacerlo pero aún no hemos tenido la oportunidad, se usa 못 con el adverbio 아직 (todavía).

| 가다 | A 경주에 가 봤어요? | ¿Ha estado en Gyeongju? |
| | B 아니요, 안 가 봤어요. (안 갔던 사실만을 표현할 때) | |

No, No he estado allí. (Al expresar solo el hecho de que no ha ido)

| 가다 | A 경주에 가 봤어요? | ¿Ha estado en Gyeongju? |
| | B 아니요, 경주에 아직 못 가 봤어요. (가 보고 싶었으나 아직 경험해 보지 못 했음을 표현할 때) | |

No, Todavía no he estado en Gyeongju. (Al expresar que ha querido ir, pero aún no lo ha hecho)

Al expresar experiencias o intentos con el verbo 보다, se escribe como 봤어요 en lugar de 봐 봤어요.

| ★보다 | A 전에 한국 영화를 봤어요? | ¿Ha visto una película coreana antes? |
| | B 아니요, 아직 못 봤어요. | No, todavía no la he visto. |

Autoevaluación

1~3 Mire las imágenes y complete las conversaciones usando –아/어 봤다.

1. A 윷놀이를 _____?

B 네, 해 봤어요. 진짜 재미있었어요.

윷놀이

2. A 한복을 _____?

B 아니요, 못 입어 봤어요.

한복

3. A 구절판을 _____?

B 아니요, _____.

구절판

4~6 Elija la opción adecuada y complete la conversación.

㉠ 어땠어요?　　　㉡ 부산에 한번 가 보세요.　　　㉢ 부산에 가 봤어요?

A 부산에 가 봤어요?

B 아니요, 못 가 봤어요. **4.** _____

A 네, 저는 지난주에 부산에 가 봤어요.

B **5.** _____

A 너무 재미있었어요.

B 저도 가고 싶어요.

A **6.** _____ 재미있을 거예요.

Respuestas **p.278**

Ensayo de gramática

pista **144**

처음 –아/어 봤어요 Expresando su primera experiencia

이 노래를 처음 들어 봤어요.	Escuché esta canción por primera vez.
이 곳에 처음 와 봤어요.	Estuve aquí por primera vez.
이 음식을 처음 먹어 봤어요.	Probé esta comida por primera vez.
이 책을 처음 읽어 봤어요.	Leí este libro por primera vez.

(número) 번 –아/어 봤어요 Hablando de la cantidad de experiencias

제주도에 한 번 가 봤어요.	Una vez estuve en la isla de Jeju.
자전거를 두 번 타 봤어요.	He montado mi bicicleta dos veces.
이 음식을 몇 번 먹어 봤어요.	He probado esta comida varias veces.
이 음악을 몇 번 들어 봤어요.	Escuché esta música varias veces.

Vocabulario adicional

• **Vocabulario relacionado con la frecuencia**

1   2   3   4   5   6   7   8   9   10

1. 한 번도 안 해 봤어요 no lo he intentado antes
2. 전혀 안 해요 no lo hago en absoluto
3. 한 번 해 봤어요 lo intenté una vez
4. 거의 안 해요 rara vez lo hago
5. 몇 번 해 봤어요 lo he hecho varias veces
6. 가끔 해요 a veces lo hago
7. 여러 번 해 봤어요 lo he probado muchas veces
8. 자주 해요 lo hago a menudo
9. 많이 해 봤어요 he hecho mucho
10. 항상 해요 siempre lo hago

Ensayo de conversación

pista **145**

(Sustantivo) **이/가 어때요/어땠어요?** Preguntando un sentimiento o una impresión

음식이 어때요?   ¿Como está la comida?

➡ 진짜 맛있어요.   ➡ Es muy deliciosa.

날씨가 어때요?   ¿Cómo está el clima?

➡ 진짜 좋아요.   ➡ Es muy bueno.

숙소가 어땠어요?   ¿Cómo estuvo el alojamiento?

➡ 진짜 깨끗했어요.   ➡ Estaba realmente limpio.

이거 –지 않아요? Buscando la aprobación de la otra parte

이거 맛있지 않아요?   No es esto delicioso?

이거 재미있지 않아요?   No es esto divertido?

이거 이상하지 않아요?   ¿No es esto raro?

이거 비슷하지 않아요?   ¿No es esto similar?

Consejos de pronunciación

제주 [제주]

pista **146**

Las consonantes ㄱ, ㄷ, ㅂ, ㅈ se pronuncian de manera diferente cuando se colocan al principio de la primer sílaba y entre vocales. En el ejemplo anterior, la ㅈ de 제 usada en la primera sílaba se pronuncia entre [ch] y [j]. Por otro lado, la ㅈ de 주 se pronuncia como [j].

예 기기 [기기] 도도 [도도] 부부 [부부]

☕ **Pausa para el café**

Oración con la misma pregunta y respuesta

Los coreanos a menudo usan expresiones no especificadas cuando intentan evitar una respuesta. En este caso, a menudo se utilizan palabras como 뭐, 누구, 언제, 어디. De hecho, en coreano, la pregunta y la respuesta son las mismas, pero el acento suele ser diferente porque la pregunta tiene la misma forma que la respuesta no específica. Por ejemplo, a la pregunta 뭐 먹었어요? (¿qué comió?), se puede responder 뭐 먹었어요. A la pregunta 언제 같이 가요? (¿Cuándo vamos juntos?) se puede responder 언제 같이 가요!.

Festivales representativos de Corea

▶ 부산 국제 영화제
Festival Internacional de
Cine de Busan

부산 국제영화제 Festival Internacional de Cine de Busan

El Festival Internacional de Cine de Busan, que comenzó en 1996, se lleva a cabo todos los años a principios de octubre durante aproximadamente dos semanas. El Festival Internacional de Cine de Busan, donde participan una gran cantidad de trabajos creativos de directores maestros y nuevos directores, es un festival de cine internacional que representa a Asia. El Festival Internacional de Cine de Busan siempre está lleno de gente, por lo que es mejor reservar las películas que desea ver a través del sitio web con anticipación y canjearlos en la taquilla. Si no ha hecho una reservación, puede obtener los boletos de venta restantes en el lugar.

▶ 광주 비엔날레 Bienal de
Gwangju

광주 비엔날레 Bienal de Gwangju

La Bienal de Gwangju es una exposición internacional de arte contemporáneo que representa a Asia y se celebra cada dos años en Gwangju, Jeollanam-do, de septiembre a noviembre. La Bienal de Gwangju, que está dominada por obras de arte creativas y experimentales, especialmente obras de arte de exhibición, tiene muchas partes con la participación del público, como exhibiciones de eventos y exhibiciones de estudiantes, así como obras de artistas establecidos. Además, para comodidad de los visitantes, puede solicitar un docente (un guía con conocimientos artísticos profesionales) en la entrada de la sala de exposiciones, para una visualización más cómoda y comprensible.

▶ 머드 축제 Festival de Barro

머드 축제 Festival de Barro

El Festival del Barro es un festival que utiliza barro de la planicie de marea que se extiende a lo largo de la costa oeste. Se suele realizar en julio. Y la fiesta del barro es un lugar donde los jóvenes disfrutan del barro enterrándose allí y divirtiéndose. No solo los coreanos sino también los extranjeros participan activamente y disfrutan del festival del barro. Incluso si la piel se embarra y se ensucia, los coreanos creen que el barro es bueno para la piel. De hecho, hay paquetes de mascarillas que utilizan barro en los cosméticos coreanos, famosos por el Belleza coreana.

Anexo

Tabla gramatical

Respuestas

Glosario

Tabla gramatical ■■■■■■■■■■■■■■■■■■■■■■■■■■■■■■■■

Adjetivos | **Al igual que en español, hay verbos y adjetivos en coreano. Sin embargo, los adjetivos coreanos parecen y actúan como verbos. Por lo tanto, es mucho más fácil pensar que el coreano tiene dos tipos de verbos: verbos de acción (correr, hacer, trabajar, pensar, etc.) y verbos descriptivos (estar feliz, estar triste, ser caro, etc.) De aquí en adelante, estos verbos descriptivos se identificarán como adjetivos. Estos dos tipos de verbos a veces se comportan de manera diferente en ciertas construcciones gramaticales, por lo que debe tener en cuenta estos dos tipos.**

Capítulo 1

Escena 01 −아/어 주세요 ¿Podría por favor…?

Verbos	−아/어 주세요	Verbos	−아/어 주세요
하다 (hacer)	(하+−여 주세요) 해 주세요	쓰다 (escribir)	★(쓰+−어 주세요) 써 주세요
오다 (venir)	(오+−아 주세요) 와 주세요	모으다 (reunir)	★(모으+−아 주세요) 모아 주세요
사다 (comprar)	(사+−아 주세요) 사 주세요	누르다 (apretar)	★(누르+−어 주세요) 눌러 주세요
찾다 (buscar, encontrar)	(찾+−아 주세요) 찾아 주세요	듣다 (escuchar)	★(듣+−어 주세요) 들어 주세요
읽다 (leer)	(읽+−어 주세요) 읽어 주세요	만들다 (hacer, fabricar)	(만들+−어 주세요) 만들어 주세요
기다리다 (esperar)	(기다리+−어 주세요) 기다려 주세요	굽다 (asar)	★(굽+−어 주세요) 구워 주세요
외우다 (memorizar)	(외우+−어 주세요) 외워 주세요	붓다 (verter)	★(붓+−어 주세요) 부어 주세요

Escena 02 Los imperativos −(으)세요 Hacer y −지 마세요 No hacer

Verbos	-(으)세요	-지 마세요
하다 (hacer)	(하+−세요) 하세요	(하+−지 마세요) 하지 마세요
보다 (mirar)	(보+−세요) 보세요	(보+−지 마세요) 보지 마세요
찾다 (buscar, encontrar)	(찾+−으세요) 찾으세요	(찾+−지 마세요) 찾지 마세요
앉다 (sentar)	(앉+−으세요) 앉으세요	(앉+−지 마세요) 앉지 마세요
쓰다 (escribir)	(쓰+−세요) 쓰세요	(쓰+−지 마세요) 쓰지 마세요
부르다 (cantar)	(부르+−세요) 부르세요	(부르+−지 마세요) 부르지 마세요
듣다 (escuchar)	★(듣+−으세요) 들으세요	(듣+지 마세요) 듣지 마세요
만들다 (hacer, fabricar)	★(만들+−세요) 만드세요	(만들+−지 마세요) 만들지 마세요
굽다 (asar)	★(굽+−으세요) 구우세요	(굽+−지 마세요) 굽지 마세요.
붓다 (verter)	★(붓+−으세요) 부으세요	(붓+−지 마세요) 붓지 마세요.
먹다 (comer)	★드시다 → 드세요	(먹+−지 마세요) 먹지 마세요
자다 (dormir)	★주무시다 → 주무세요	(자+−지 마세요) 자지 마세요
있다 (estar, permanecer)	★계시다 → 계세요	(있+−지 마세요) 있지 마세요

Escena 03 Honoríficos −(으)세요 para hablar cortésmente

		−(으)세요 (Presente)	−(으)셨어요 (Pasado)	−(으)실 거예요 (Futuro/Suposición)
Verbos	하다 (hacer)	(하+−세요) 하세요	(하+−셨어요) 하셨어요	(하+−실 거예요) 하실 거예요
	보다 (mirar)	(보+−세요) 보세요	(보+−셨어요) 보셨어요	(보+−실 거예요) 보실 거예요
	읽다 (leer)	(읽+−으세요) 읽으세요	(읽+−으셨어요) 읽으셨어요	(읽+−으실 거예요) 읽으실 거예요

Verbos	쓰다 (escribir)	(쓰+-세요) 쓰세요	(쓰+-셨어요) 쓰셨어요	(쓰+-실 거예요) 쓰실 거예요
	부르다 (cantar)	(부르+-세요) 부르세요	(부르+-셨어요) 부르셨어요	(부르+-실 거예요) 부르실 거예요
	듣다 (escuchar)	★(듣+-으세요) 들으세요	★(듣+-으셨어요) 들으셨어요	★(듣+-으실 거예요) 들으실 거예요
	살다 (vivir)	★(살+-세요) 사세요	★(살+-셨어요) 사셨어요	★(살+-실 거예요) 사실 거예요
	돕다 (ayudar)	★(돕+-으세요) 도우세요	★(돕+-으셨어요) 도우셨어요	★(돕+-실 거예요) 도우실 거예요
	낫다 (sanar)	★(낫+-으세요) 나으세요	★(낫+-으셨어요) 나으셨어요	★(낫+-으실 거예요) 나으실 거예요
	먹다 (comer)	★ 드시다 → 드세요	★ 드시다 → 드셨어요	★ 드시다 → 드실 거예요
	자다 (dormir)	★ 주무시다 → 주무세요	★ 주무시다 → 주무셨어요	★ 주무시다 → 주무실 거예요
	있다 (estar, permanecer)	★ 계시다 → 계세요	★ 계시다 → 계셨어요	★ 계시다 → 계실 거예요.
	있다 (tener, poseer)	★ 있으시다 → 있으세요	★ 있으시다 → 있으셨어요	★ 있으시다 → 있으실 거예요
Adjetivos	피곤하다 (estar cansado/a)	(피곤하+-세요) 피곤하세요	(피곤하+-셨어요) 피곤하셨어요	(피곤하+-실 거예요) 피곤하실 거예요
	좋다 (ser bueno/a)	(좋+-으세요) 좋으세요	(좋+-으셨어요) 좋으셨어요	(좋+-으실 거예요) 좋으실 거예요
	바쁘다 (estar ocupado/a)	(바쁘+-세요) 바쁘세요	(바쁘+-셨어요) 바쁘셨어요	(바쁘+-실 거예요) 바쁘실 거예요
	다르다 (ser diferente)	(다르+-세요) 다르세요	(다르+-셨어요) 다르셨어요	(다르+-실 거예요) 다르실 거예요
	길다 (ser largo/a)	★(길+-세요) 기세요	★(길+-셨어요) 기셨어요	★(길+-실 거예요) 기실 거예요
	춥다 (estar frío/a)	★(춥+-으세요) 추우세요	★(춥+-으셨어요) 추우셨어요	★(춥+-으실 거예요) 추우실 거예요
	Sustantivo이다 (ser)	(이+-세요) Sustantivo이세요	(이+-셨어요) Sustantivo이셨어요	(이+-실 거예요) Sustantivo이실 거예요

Escena 04 —(으)면 Si...

Verbos	—(으)면	Adjetivos	—(으)면
하다 (hacer)	(하+-면) 하면	피곤하다 (estar cansado/a)	(피곤하+-면) 피곤하면
보다 (mirar)	(보+-면) 보면	좋다 (ser bueno/a)	(좋+-으면) 좋으면
기다리다 (esperar)	(기다리+-면) 기다리면	많다 (ser muchos/as)	(많+-으면) 많으면
먹다 (comer)	(먹+-으면) 먹으면	맛있다 (ser delicioso/a)	(맛있+-으면) 맛있으면
찾다 (buscar, encontrar)	(찾+-으면) 찾으면	재미없다 (ser aburrido/a)	(재미있+-으면) 재미있으면
쓰다 (escribir)	(쓰+-면) 쓰면	아프다 (estar enfermo/a)	(아프+-면) 아프면
부르다 (cantar)	(부르+-면) 부르면	다르다 (ser diferente)	(다르+-면) 다르면
듣다 (escuchar)	★(듣+-으면) 들으면	멀다 (estar lejos)	(멀+-면) 멀면
울다 (llorar)	(울+-면) 울면	길다 (ser largo/a)	(길+-면) 길면
돕다 (ayudar)	★(돕+-으면) 도우면	쉽다 (ser fácil)	★(쉽+-으면) 쉬우면
낫다 (sanar)	★(낫+-으면) 나으면	Sustantivo이다 (ser)	(이+-면) Sustantivo이면

Capítulo 2

Escena 05   −고 싶다   Quiero...

Verbos	−고 싶다	Verbos	−고 싶다
하다 (hacer)	(하+−고 싶다) 하고 싶다	먹다 (comer)	(먹+−고 싶다) 먹고 싶다
만나다 (reunir)	(만나+−고 싶다) 만나고 싶다	앉다 (sentar)	(앉+−고 싶다) 앉고 싶다
보다 (mirar)	(보+−고 싶다) 보고 싶다	받다 (recibir)	(받+−고 싶다) 받고 싶다
마시다 (beber)	(마시+−고 싶다) 마시고 싶다	듣다 (escuchar)	(듣+−고 싶다) 듣고 싶다
배우다 (aprender)	(배우+−고 싶다) 배우고 싶다	알다 (saber)	(알+−고 싶다) 알고 싶다
쓰다 (escribir)	(쓰+−고 싶다) 쓰고 싶다	돕다 (ayudar)	(돕+−고 싶다) 돕고 싶다
부르다 (cantar)	(부르+−고 싶다) 부르고 싶다	낫다 (sanar)	(낫+−고 싶다) 낫고 싶다

Escena 06   −(으)ㄹ 수 있다   Puedo...

Verbos	−(으)ㄹ 수 있다	Adjetivos	−(으)ㄹ 수 있다
하다 (hacer)	(하+−ㄹ 수 있다) 할 수 있다	편하다 (ser cómodo/a)	(편하+−ㄹ 수 있다) 편할 수 있다
보다 (mirar)	(보+−ㄹ 수 있다) 볼 수 있다	좋다 (ser bueno/a)	(좋+−을 수 있다) 좋을 수 있다
먹다 (comer)	(먹+−을 수 있다) 먹을 수 있다	많다 (ser muchos/as)	(많+−을 수 있다) 많을 수 있다
쓰다 (escribir)	(쓰+−ㄹ 수 있다) 쓸 수 있다	아프다 (estar enfermo/a)	(아프+−ㄹ 수 있다) 아플 수 있다
부르다 (cantar)	(부르+−ㄹ 수 있다) 부를 수 있다	다르다 (ser diferente)	(다르+−ㄹ 수 있다) 다를 수 있다
걷다 (caminar)	★(걷+−을 수 있다) 걸을 수 있다	맛있다 (ser delicioso/a)	(맛있+−을 수 있다) 맛있을 수 있다
만들다 (hacer, fabricar)	★(만들+−ㄹ 수 있다) 만들 수 있다	멀다 (estar lejos)	★(멀+−ㄹ 수 있다) 멀 수 있다
굽다 (asar)	★(굽+을 수 있다) 구울 수 있다	춥다 (estar frío/a)	★(춥+−을 수 있다) 추울 수 있다
낫다 (sanar)	★(낫+−을 수 있다) 나을 수 있다	Sustantivo이다 (ser)	(이+−ㄹ 수 있다) Sustantivo일 수 있다

Escena 07   −아/어야 되다   Debería...

Verbos	−아/어야 되다	Adjetivos	−아/어야 되다
하다 (hacer)	(하+−여야 되다) 해야 되다	따뜻하다 (estar caliente)	(따뜻하+−여야 되다) 따뜻해야 되다
보다 (mirar)	(보+−아야 되다) 봐야 되다	싸다 (ser barato/a)	(싸+−아야 되다) 싸야 되다
먹다 (comer)	(먹+−어야 되다) 먹어야 되다	좋다 (ser bueno/a)	(좋+−아야 되다) 좋아야 되다
마시다 (beber)	(마시+−어야 되다) 마셔야 되다	맛있다 (ser delicioso/a)	(맛있+−어야 되다) 맛있어야 되다
배우다 (aprender)	(배우+−어야 되다) 배워야 되다	재미있다 (ser divertido/a)	(재미있+−어야 되다) 재미있어야 되다
쓰다 (escribir)	★(쓰+−어야 되다) 써야 되다	예쁘다 (ser bonito/a)	★(예쁘+−어야 되다) 예뻐야 되다
부르다 (cantar)	★(부르+−어야 되다) 불러야 되다	다르다 (ser diferente)	★(다르+−어야 되다) 달라야 되다
듣다 (escuchar)	★(듣+−어야 되다) 들어야 되다	길다 (ser largo/a)	(길+−어야 되다) 길어야 되다
알다 (saber)	(알+−아야 되다) 알아야 되다	쉽다 (ser fácil)	★(쉽+−어야 되다) 쉬워야 되다
굽다 (asar)	★(굽+−어야 되다) 구워야 되다	가볍다 (ser ligero/a)	★(가볍+−어야 되다) 가벼워야 되다
낫다 (sanar)	★(낫+−아야 되다) 나아야 되다	Sustantivo이다 (ser)	(이+−어야 되다) Sustantivo이어야 되다

Verbos	–(으)ㄴ	Adjetivos	–(으)ㄴ
싸다 (ser barato/a)	(싸+–ㄴ) 싼	맛있다 (ser delicioso/a)	(맛있+–는) 맛있는
피곤하다 (estar cansado/a)	(피곤하+–ㄴ) 피곤한	재미없다 (ser aburrido/a)	(재미없+–는) 재미없는
바쁘다 (estar ocupado/a)	(바쁘+–ㄴ) 바쁜	길다 (ser largo/a)	★(길+–ㄴ) 긴
다르다 (ser diferente)	(다르+–ㄴ) 다른	쉽다 (ser fácil)	★(쉽+–은) 쉬운
좋다 (ser bueno/a)	(좋+–은) 좋은	어렵다 (ser difícil)	★(어렵+–은) 어려운
많다 (ser muchos/as)	(많+–은) 많은	Sustantivo이다 (ser)	(이+–ㄴ) Sustantivo인

Capítulo 3

Escena 09 –(으)ㄹ까요? ¿Podría…?

Verbos	–(으)ㄹ까요?	Verbos	–(으)ㄹ까요?
하다 (hacer)	(하+–ㄹ까요?) 할까요?	먹다 (comer)	(먹+–을까요?) 먹을까요?
보다 (mirar, ver)	(보+–ㄹ까요?) 볼까요?	듣다 (escuchar)	★(듣+–을까요?) 들을까요?
마시다 (beber)	(마시+–ㄹ까요?) 마실까요?	살다 (vivir)	★(살+–ㄹ까요?) 살까요?
쓰다 (escribir)	(쓰+–ㄹ까요?) 쓸까요?	돕다 (ayudar)	★(돕+–을까요?) 도울까요?
부르다 (cantar)	(부르+–ㄹ까요?) 부를까요?	붓다 (verter)	★(붓+–을까요?) 부을까요?

Escena 10 –(으)려고 하다 Intento…

Verbos	Causa –아/어서	Adjetivos	Causa –아/어서
하다 (hacer)	(하+–려고 하다) 하려고 하다	먹다 (comer)	(먹+–으려고 하다) 먹으려고 하다
가다 (ir)	(가+–려고 하다) 가려고 하다	찾다 (buscar/encontrar)	(찾+–으려고 하다) 찾으려고 하다
보다 (mirar, ver)	(보+–려고 하다) 보려고 하다	듣다 (escuchar)	★(듣+–으려고 하다) 들으려고 하다
마시다 (beber)	(마시+–려고 하다) 마시려고 하다	살다 (vivir)	(살+–려고 하다) 살려고 하다
배우다 (aprender)	(배우+–려고 하다) 배우려고 하다	만들다 (hacer/fabricar)	(만들+–려고 하다) 만들려고 하다
쓰다 (escribir)	(쓰+–려고 하다) 쓰려고 하다	돕다 (ayudar)	★(돕+–으려고 하다) 도우려고 하다
부르다 (cantar)	(부르+–려고 하다) 부르려고 하다	붓다 (verter)	★(붓+–으려고 하다) 부으려고 하다

Escena 11 –아/어서 …, así que …

Verbos	–아/어서	Adjetivos	–아/어서
하다 (hacer)	(하+–여서) 해서	피곤하다 (estar cansado/a)	(피곤하+–여서) 피곤해서
보다 (mirar)	(보+–아서) 봐서	싸다 (ser barato/a)	(싸+–아서) 싸서
먹다 (comer)	(먹+–어서) 먹어서	좋다 (ser bueno/a)	(좋+–아서) 좋아서
찾다 (buscar/encontrar)	(찾+–아서) 찾아서	맛있다 (ser delicioso/a)	(맛있+–어서) 맛있어서
쓰다 (escribir)	★(쓰+–어서) 써서	바쁘다 (estar ocupado/a)	★(바쁘+–아서) 바빠서
부르다 (cantar)	★(부르+–어서) 불러서	다르다 (ser diferente)	★(다르+–아서) 달라서
듣다 (escuchar)	★(듣+–어서) 들어서	게으르다 (ser perezoso/a)	★(게으르+–어서) 게을러서
알다 (saber)	(알+–아서) 알아서	멀다 (estar lejos)	(멀+–어서) 멀어서
굽다 (asar)	★(굽+–어서) 구워서	맵다 (ser picante)	★(맵+–어서) 매워서
붓다 (verter)	★(붓+–어서) 부어서	Sustantivo이다 (ser)	(이+–어서) Sustantivo이어서

Escena 12 –(스)ㅂ니다 Lenguaje formal

		– (스)ㅂ니다 (Presente)	– 았/었습니다 (Pasado)
Verbos	하다 (hacer)	(하+–ㅂ니다) 합니다	(하+–였습니다) 했습니다
	먹다 (comer)	(먹+–습니다) 먹습니다	(먹+–었습니다) 먹었습니다
	쓰다 (escribir)	(쓰+–ㅂ니다) 씁니다	★(쓰+–었습니다) 썼습니다
	부르다 (cantar)	(부르+–ㅂ니다) 부릅니다	★(부르+–었습니다) 불렀습니다
	듣다 (escuchar)	(듣+–습니다) 듣습니다	★(듣+–었습니다) 들었습니다
	알다 (saber)	★(알+–ㅂ니다) 압니다	(알+–았습니다) 알았습니다
	붓다 (verter)	(붓+–습니다) 붓습니다	★(붓+–었습니다) 부었습니다
Adjetivos	편하다 (ser cómodo/a)	(편하+–ㅂ니다) 편합니다	(편하+–였습니다) 편했습니다
	좋다 (ser bueno/a)	(좋+–습니다) 좋습니다	(좋+–았습니다) 좋았습니다
	바쁘다 (estar ocupado/a)	(바쁘+–ㅂ니다) 바쁩니다	★(바쁘+–았습니다) 바빴습니다
	다르다 (ser diferente)	(다르+–ㅂ니다) 다릅니다	★(다르+–았습니다) 달랐습니다
	멀다 (estar lejos)	★(멀+–ㅂ니다) 멉니다	(멀+–었습니다) 멀었습니다
	어렵다 (ser difícil)	(어렵+–습니다) 어렵습니다	★(어렵+–었습니다) 어려웠습니다
	Sustantivo이다	(이+–ㅂ니다) Sustantivo입니다	(이+–었습니다) Sustantivo이었습니다

Capítulo 4

Escena 13 보다 더 Comparativo y 제일, 가장 Superlativo

		더	제일, 가장
Adjetivos	싸다 (ser barato/a)	더 싸요	제일 싸요
	좋다 (ser bueno/a)	더 좋아요	제일 좋아요
	맛있다 (ser delicioso/a)	더 맛있어요	제일 맛있어요
Verbos	좋아하다 (gustar)	더 좋아하다	제일 좋아하다
	잘하다 (hacer bien)	더 잘하다	제일 잘하다
	먹다 (comer)	더 잘 먹다	제일 잘 먹다
	만들다 (hacer/fabricar)	더 잘 만들다	제일 잘 만들다

Escena 14 –게 Transformando un adjetivo en adverbio

Adjetivos	-게	Adjetivos	-게
싸다 (ser barato/a)	(싸+–게) 싸게	좋다 (ser bueno/a)	(좋+–게) 좋게
따뜻하다 (estar caliente)	(따뜻하+–게) 따뜻하게	맛있다 (ser delicioso/a)	(맛있+–게) 맛있게
예쁘다 (ser bonito/a)	(예쁘+–게) 예쁘게	짧다 (ser corto)	(짧+–게) 짧게
바쁘다 (estar ocupado/a)	(바쁘+–게) 바쁘게	길다 (ser largo/a)	(길+–게) 길게
다르다 (ser diferente)	(다르+–게) 다르게	쉽다 (ser fácil)	(쉽+–게) 쉽게

Escena 15 −지만 Sin embargo, …

		− 지만 (Presente)	− 았/었지만 (Pasado)
Verbos	하다 (hacer)	(하+−지만) 하지만	(하+−였지만) 했지만
	먹다 (comer)	(먹+−지만) 먹지만	(먹+−었지만) 먹었지만
Verbos	쓰다 (escribir)	(쓰+−지만) 쓰지만	★(쓰+−었지만) 썼지만
	부르다 (cantar)	(부르+−지만) 부르지만	★(부르+−었지만) 불렀지만
	듣다 (escuchar)	(듣+−지만) 듣지만	★(듣+−었지만) 들었지만
	알다 (saber)	★(알+−지만) 알지만	(알+−았지만) 알았지만
	굽다 (asar)	(굽+−지만) 굽지만	★(굽+−었지만) 구웠지만
	붓다 (verter)	(붓+−지만) 붓지만	★(붓+−었지만) 부었지만
Adjetivos	싸다 (ser barato/a)	(싸+−지만) 싸지만	(싸+−았지만) 쌌지만
	좋다 (ser bueno/a)	(좋+−지만) 좋지만	(좋+−았지만) 좋았지만
	바쁘다 (estar ocupado/a)	(바쁘+−지만) 바쁘지만	★(바쁘+−았지만) 바빴지만
	다르다 (ser diferente)	(다르+−지만) 다르지만	★(다르+−았지만) 달랐지만
	멀다 (estar lejos)	★(멀+−ㅂ니다) 멉니다	(멀+−었습니다) 멀었습니다
	어렵다 (ser difícil)	(어렵+−지만) 어렵지만	★(어렵+−었지만) 어려웠지만
	Sustantivo이다 (ser)	(이+−지만) Sustantivo이지만	(이+−었지만) Sustantivo이었지만

Escena 16 −겠− y −(으)ㄹ게요 Haré…

Verbos	−겠− / −(으)ㄹ게요	Verbos	−겠− / −(으)ㄹ게요
하다 (hacer)	(하+−겠−) 하겠다 (하+−ㄹ게요) 할게요	먹다 (comer)	(먹+−겠−) 먹겠다 (먹+−을게요) 먹을게요
보다 (mirar)	(보+−겠−) 보겠다 (보+−ㄹ게요) 볼게요	신다 (probar)	(신+−겠−) 신겠다 (신+−을게요) 신을게요
마시다 (beber)	(마시+−겠−) 마시겠다 (마시+−ㄹ게요) 마실게요	듣다 (escuchar)	(듣+−겠−) 듣겠다 ★(듣+−을게요) 들을게요
배우다 (aprender)	(배우+−겠−) 배우겠다 (배우+−ㄹ게요) 배울게요	만들다 (hacer/fabricar)	(만들+−겠−) 만들겠다 (만들+−ㄹ게요) 만들게요
쓰다 (escribir)	(쓰+−겠−) 쓰겠다 (쓰+−ㄹ게요) 쓸게요	굽다 (asar)	(굽+−겠−) 굽겠다 ★(굽+−을게요) 구울게요
부르다 (cantar)	(부르+−겠−) 부르겠다 (부르+−ㄹ게요) 부를게요	붓다 (verter)	(붓+−겠−) 붓겠다 ★(붓+−을게요) 부을게요

Capítulo 5

Escena 17 − 고 Además…

Verbos	-고	Adjetivos	-고
하다 (hacer)	(하+−고) 하고	싸다 (ser barato/a)	(싸+−고) 싸고
보다 (mirar)	(보+−고) 보고	좋다 (ser bueno/a)	(좋+−고) 좋고
먹다 (comer)	(먹+−고) 먹고	재미있다 (ser divertido/a)	(재미있+−고) 재미있고
쓰다 (escribir)	(쓰+−고) 쓰고	바쁘다 (estar ocupado/a)	(바쁘+−고) 바쁘고
부르다 (cantar)	(부르+−고) 부르고	다르다 (ser diferente)	(다르+−고) 다르고
듣다 (escuchar)	(듣+−고) 듣고	멀다 (estar lejos)	(멀+−고) 멀고
살다 (vivir)	(살+−고) 살고	길다 (ser largo/a)	(길+−고) 길고
굽다 (asar)	(굽+−고) 굽고	춥다 (estar frío/a)	(춥+−고) 춥고
붓다 (verter)	(붓+−고) 붓고	Sustantivo이다 (ser)	(이 + −고) Sustantivo이고

Escena 18 − (으)니까 porque…

		− (으)니까(Presente)	− 았/었으니까(Pasado)
Verbos	하다 (hacer)	(하+−니까) 하니까	(하+−였으니까) 했으니까
	먹다 (comer)	(먹+−으니까) 먹으니까	(먹+−었으니까) 먹었으니까
	쓰다 (escribir)	(쓰+−니까) 쓰니까	★ (쓰+−었으니까) 썼으니까
	부르다 (cantar)	(부르+−니까) 부르니까	★(부르+−었으니까) 불렀으니까
	듣다 (escuchar)	★(듣+−으니까) 들으니까	★(듣+−었으니까) 들었으니까
	알다 (saber)	★(알+−니까) 아니까	(알+−았으니까) 알았으니까
	굽다 (asar)	★(굽+−으니까) 구우니까	★(굽+−었으니까) 구웠으니까
	붓다 (verter)	★(붓+−으니까) 부으니까	★ (붓+−었으니까) 부었으니까
Adjetivos	싸다 (ser barato/a)	(싸+−니까) 싸니까	(싸+−았으니까) 쌌으니까
	좋다 (ser bueno/a)	(좋+−으니까) 좋으니까	(좋+−았으니까) 좋았으니까
	바쁘다 (estar ocupado/a)	(바쁘+−니까) 바쁘니까	★ (바쁘+−았으니까) 바빴으니까
	다르다 (ser diferente)	(다르+−니까) 다르니까	★ (다르+−았으니까) 달랐으니까
	멀다 (estar lejos)	★(멀+−니까) 머니까	(멀+−었으니까) 멀었으니까
	어렵다 (ser difícil)	★(어렵+−으니까) 어려우니까	★(어렵+−었으니까) 어려웠으니까
	Sustantivo이다 (ser)	(이+−니까) Sustantivo(이)니까	(이+−었으니까) Sustantivo였으니까/이었으니까

Escena 19 –(으)ㄹ 때 Cuando…

Verbos	–(으)ㄹ 때	Adjetivos	–(으)ㄹ 때
하다 (hacer)	(하+–ㄹ 때) 할 때	싸다 (ser barato/a)	(싸+–ㄹ 때) 쌀 때
보다 (mirar)	(보+–ㄹ 때) 볼 때	좋다 (ser bueno/a)	(좋+–을 때) 좋을 때
먹다 (comer)	(먹+–을 때) 먹을 때	재미있다 (ser divertido/a)	(재미있+–을 때) 재미있을 때
쓰다 (escribir)	(쓰+–ㄹ 때) 쓸 때	바쁘다 (estar ocupado/a)	(바쁘+–ㄹ 때) 바쁠 때
부르다 (cantar)	(부르+–ㄹ 때) 부를 때	다르다 (ser diferente)	(다르+–ㄹ 때) 다를 때
듣다 (escuchar)	★(듣+–을 때) 들을 때	멀다 (estar lejos)	★(멀+–ㄹ 때) 멀 때
살다 (vivir)	★(살+–ㄹ 때) 살 때	길다 (ser largo/a)	★(길+–ㄹ 때) 길 때
굽다 (asar)	★(굽+–을 때) 구울 때	춥다 (estar frío/a)	★(춥+–을 때) 추울 때
붓다 (verter)	★(붓+–을 때) 부울 때	Sustantivo이다 (ser)	(이+–ㄹ 때) Sustantivo일 때

Escena 20 –(으)ㄴ/는데 Pero…

		–(으)ㄴ/는데(Presente)	–았/었는데(Pasado)
Verbos	하다 (hacer)	(하+–는데) 하는데	(하+–였는데) 했는데
	먹다 (comer)	(먹+–는데) 먹는데	(먹+–었는데) 먹었는데
	쓰다 (escribir)	(쓰+–는데) 쓰는데	★(쓰+–었는데) 썼는데
	부르다 (cantar)	(부르+–는데) 부르는데	★(부르+–었는데) 불렀는데
	듣다 (escuchar)	(듣+–는데) 듣는데	★(듣+–었는데) 들었는데
	알다 (saber)	★(알+–는데) 아는데	(알+–았는데) 알았는데
	굽다 (asar)	(굽+–는데) 굽는데	★(굽+–었는데) 구웠는데
Verbos	붓다 (verter)	(붓+–는데) 붓는데	★(붓+–었는데) 부었는데
Adjetivos	피곤하다 (estar cansado/a)	(피곤하+–ㄴ데) 피곤한데	(피곤하+–였는데) 피곤했는데
	좋다 (ser bueno/a)	(좋+–은데) 좋은데	(좋+–았는데) 좋았는데
	바쁘다 (estar ocupado/a)	(바쁘+–ㄴ데) 바쁜데	★(바쁘+–았는데) 바빴는데
	다르다 (ser diferente)	(다르+–ㄴ데) 다른데	★(다르+–았는데) 달랐는데
	길다 (ser largo/a)	★(길+–ㄴ데) 긴데	(길+–었는데) 길었는데
	어렵다 (ser difícil)	★(어렵+–은데) 어려운데	★(어렵+–었는데) 어려웠는데
	Sustantivo이다 (ser)	(이+–ㄴ데) Sustantivo인데	(이+–었는데) Sustantivo이었는데

Capítulo 6

Escena 21 — 아/어 주시겠어요? ¿Podría..., por favor?

Verbos	–아/어 주시겠어요?	Verbos	–아/어 주시겠어요?
하다 (hacer)	(해 + 주시겠어요?) 해 주시겠어요?	쓰다 (escribir)	★(쓰+–어 주시겠어요?) 써 주시겠어요?
오다 (venir)	(오+–아 주시겠어요?) 와 주시겠어요?	모으다 (reunir)	★(모으+–아 주시겠어요?) 모아 주시겠어요?
사다 (comprar)	(사+–아 주시겠어요?) 사 주시겠어요?	누르다 (apretar)	★(누르+–어 주시겠어요?) 눌러 주시겠어요?
찍다 (tomar)	(찍+–어 주시겠어요?) 찍어 주시겠어요?	듣다 (escuchar)	★(듣+–어 주시겠어요?) 걸어 주시겠어요?
읽다 (leer)	(읽+–어 주시겠어요?) 읽어 주시겠어요?	들다 (llevar)	(들+–어 주시겠어요?) 들어 주시겠어요?
기다리다 (esperar)	(기다리+–어 주시겠어요?) 기다려 주시겠어요?	굽다 (asar)	★(굽+–어 주시겠어요?) 구워 주시겠어요?
외우다 (memorizar)	(외우+–어 주시겠어요?) 외워 주시겠어요?	붓다 (verter)	★(붓+–어 주시겠어요?) 부어 주시겠어요?

Escena 22 — 는 Modificando verbos con

Verbos	–는	Verbos	–는
하다 (hacer)	(하+–는) 하는	먹다 (comer)	(먹+–는) 먹는
보다 (mirar)	(보+–는) 보는	찾다 (buscar/encontrar)	(찾+–는) 찾는
만나다 (reunir)	(만나+–는) 만나는	걷다 (caminar)	(걷+–는) 걷는
마시다 (beber)	(마시+–는) 마시는	알다 (saber)	★(알+–는) 아는
주다 (dar)	(주+–는) 주는	입다 (vestir)	(입+–는) 입는
쓰다 (escribir)	(쓰+–는) 쓰는	굽다 (asar)	(굽+–는) 굽는
부르다 (cantar)	(부르+–는) 부르는	붓다 (verter)	(붓+–는) 붓는

Escena 23 — 아/어 보세요 Intente...

Verbos	–아/어 보세요	Adjetivos	–아/어 보세요
하다 (hacer)	(하+–여 보세요) 해 보세요	쓰다 (escribir)	★(쓰+–어 보세요) 써 보세요
가다 (ir)	(가+–아 보세요) 가 보세요	부르다 (cantar)	★(부르+–어 보세요) 불러 보세요
먹다 (comer)	(먹+–어 보세요) 먹어 보세요	걷다 (caminar)	★(걷+–어 보세요) 걸어 보세요
마시다 (beber)	(마시+–어 보세요) 마셔 보세요	살다 (vivir)	(살+–아 보세요) 살아 보세요
배우다 (aprender)	(배우+–어 보세요) 배워 보세요	돕다 (ayudar)	★(굽+–어 보세요) 구워 보세요
보다 (mirar, ver)	★(보+–아 보세요) 보세요	붓다 (verter)	★(붓+–어 보세요) 부어 보세요

Escena 24 — 아/어 봤다 Lo he hecho...

Verbos	–아/어 봤다	Verbos	–아/어 봤다
하다 (hacer)	(하+–여 봤다) 해 봤다	쓰다 (escribir)	★(쓰+–어 봤다) 써 봤다
가다 (ir)	(가+–아 봤다) 가 봤다	부르다 (cantar)	★(부르+–어 봤다) 불러 봤다
먹다 (comer)	(먹+–어 봤다) 먹어 봤다	듣다 (escuchar)	★(듣+–어 봤다) 들어 봤다
마시다 (beber)	(마시+–어 봤다) 마셔 봤다	만들다 (hacer/fabricar)	(만들+–어 봤다) 만들어 봤다
배우다 (aprender)	(배우+–어 봤다) 배워 봤다	돕다 (ayudar)	★(굽+–어 봤다) 구워 봤다
보다 (mirar, ver)	★(보+–아 봤다) 봤다	붓다 (verter)	★(붓+–어 봤다) 부어 봤다

Respuestas ··

Parte 1

Unidad 01
1 뵙겠습니다
2 잘 부탁드립니다

Unidad 02
1 감사합니다

Unidad 03
1 잘 모르겠는데요
2 그래요

Unidad 04
1 좋아요
2 맞아요

Unidad 05
1 요즘 어떻게 지내세요
2 저도 잘 지내요

Unidad 06
1 잘 먹겠습니다
2 잘 먹었습니다

Unidad 07
1 축하합니다
2 좋아요

Unidad 08
1 여보세요
2 통화 괜찮아요

Unidad 09
1 말해 주세요
2 못 들었어요

Unidad 10
1 휴가 잘 보내세요
2 안녕히 가세요

Parte 2

Escena 01
1 ㄷ   2 ㄹ   3 ㄱ   4 ㄴ
5 기다려 주세요
6 고쳐 주세요
7 바꿔 주세요

Escena 02
1 ①   2 ②   3 ②
4 건너세요
5 드세요
6 피우지 마세요

Escena 03
1 좋아하세요
2 가세요
3 전화하셨어요
4 오셨어요
5 드셨어요
6 보세요
7 계셨어요
8 읽으셨어요

Escena 04
1 ㄷ   2 ㄴ   3 ㄹ   4 ㄱ
5 카페, 왼쪽
6 약국, 우체국, 오른쪽
7 쭉, 왼쪽, 뒤

Scene 05
1 먹고 싶어요
2 가고 싶어요
3 보고 싶어요
4 ㄷ 만나고 싶어요
5 ㄱ 먹고 싶어요
6 ㅂ 배우고 싶어요
7 ㄹ 일하고 싶어요
8 ㄴ 보고 싶어요

Scene 06
1 ②   2 ①   3 ②   4 ②

5 ①
6 읽을 수 없어요
7 만날 수 있어요
8 입을 수 없어요

Scene 07
1 ①   2 ①   3 ②   4 ①
5 먹어야 돼요
6 마셔야 돼요
7 없어야 돼요

Scene 08
1 ②   2 ①   3 ①   4 ①
5 비싼
6 재미있는
7 매운

Scene 09
1 볼까요
2 마실까요
3 먹을까요
4 ㄴ, ㅅ, ㄹ, ㄱ, ㄷ, ㅂ

Scene 10
1 ②   2 ①   3 ②   4 ①
5 ②
6 먹으려고 해요
7 가려고 해요
8 있으려고 해요
9 찾으려고 해요

Scene 11
1 친절해서
2 몰라서
3 아파서
4 먹어서
5 내일 아침에 약속이 있어서다
6 한국 사람하고 말하고 싶어서
7 전화가 고장 나서

Scene 12

1 봅니다
2 먹습니다
3 마십니다
4 봤습니다
5 재미있었습니다
6 왔습니다
7 일합니다
8 시작했습니다

Scene 13

1 비행기, 자동차, 더
2 침대, 의자, 더
3 더 많아요
4 ①
5 ①
6 ②
7 ②

Scene 14

1 ㉠   2 ㉣   3 ㉡   4 ㉢
5 바쁘게
6 크게
7 짧게
8 쉽게

Scene 15

1 ②   2 ②   3 ②   4 ①
5 멋있지만
6 싫지만
7 맵지만
8 했지만
9 먹었지만

Scene 16

1 일어나겠습니다 / 일어날게요
2 먹겠습니다 / 먹을게요
3 읽겠습니다 / 먹을게요
4 말하지 않겠습니다 / 말하지 않
   을게요
5 사시겠어요
6 입으시겠어요

7 보시겠어요
8 드시겠어요

Scene 17

1 운동하고
2 춥고
3 먹고
4 마시고
5 보고
6 끝나고
7 쓰고
8 배우고

Scene 18

1 ③   2 ③   3 ①   4 ②
5 아침에 길이 막히니까
6 여기는 비싸니까
7 오늘은 다른 약속이 있으니까
8 재미있는 영화를 하니까

Scene 19

1 ②   2 ①   3 ④
4 회사 면접을 볼
5 일이 많이 있을
6 대학교에 다닐 때/다녔을 때

Scene 20

1 ㉣ 오늘 날씨가 좋은데
2 ㉠ 지금 식사하고 있는데
3 ㉢ 길을 잃어버렸는데
4 식당에 갔는데
5 내일은 시간이 없는데
6 한식이 먹고 싶은데
7 얘기하려고 했는데

Scene 21

1 이 주소를 찾아 주시겠어요?
2 조금 후에 연락해 주시겠어요?
3 사진을 찍어 주시겠어요?
4 여기에 사인해 주시겠어요?
5 ㉢
6 ㉣

7 ㉠
8 ㉡
9 알려 주시겠어요
10 예약해 주시겠어요
11 보여 주시겠어요
12 치워 주시겠어요

Scene 22

1 전화하는
2 출발하는
3 만드는
4 먹을 수 없는
5 외국인이 좋아하는
6 명동에 가는

Scene 23

1 가 보세요
2 입어 보세요
3 기다려 보세요
4 들어 보세요
5 타 보세요
6 써 보세요
7 신어 보세요
8 만들어 보세요
9 걸어 보세요

Scene 24

1 해 봤어요
2 입어 봤어요
3 먹어 봤어요, 못 먹어 봤어요/
   안 먹어 봤어
4 ㉢
5 ㉠
6 ㉡

Glosario

Expresiones